W0064180

Weihnachten 1991

von Deinem Franke

SCHAU UND LIES
DEINE WELT

DINOSAURIER

UND WIE SIE

LEBTEN

Text von
Steve Parker

Illustrationen von
Guiliano Fornari
Sergio

Tessloff Verlag

Herausgeber: Angela Wilkes (Text)
Roger Priddy (Illustrationen)

Beratender Herausgeber:
William Lindsay
Britisches Museum
(Naturgeschichte)

Textredaktion: Jackie Douglas
Grafische Gestaltung: Roger Bristow

Copyright © 1988 Dorling Kindersley
Limited, London
Copyright © 1988 Tessloff Verlag, Nürnberg

Aus dem Englischen von Simone Wiemken

Alle Rechte, insbesondere die des Nachdrucks,
der Entnahme von Abbildungen, der Vervielfältigung
und Verbreitung
sowie der Einspeicherung und Verarbeitung
in elektronischen Systemen vorbehalten,

ISBN 3-7886-0465-4
ARTES GRAFICAS TOLEDO S.A.
D.L.TO:768-1991

INHALT

WAS IST EIN DINOSAURIER?

Unter einem Dinosaurier stellen sich die meisten Menschen ein großes, gefährliches Tier mit langen Beinen und scharfen Zähnen vor, vielleicht auch ein Geschöpf mit stämmigen Beinen, einem langen Hals und langem Schwanz, einem kleinen Kopf und einem Körper so groß wie ein Autobus. Jeder Mensch hat seine eigene Vorstellung von einem Dinosaurier.

Aber was bedeutet das Wort „Dinosaurier"? Es wurde 1841 von dem englischen Wissenschaftler Richard Owen geprägt. Zu dieser Zeit waren viele große versteinerte Knochen gefunden worden. Owen war der Meinung, daß diese Knochen nicht von Echsen stammten, wie damals viele Leute vermuteten. Also erfand er einen neuen Namen für diese Tierart. Er nannte sie *Dinosauria*, was „schreckliche Echsen" bedeutet.

Was sind Dinosaurier denn nun genau? Sie sind Tiere — oder besser gesagt, sie waren Tiere, denn die letzten von ihnen sind vor ungefähr 65 Millionen Jahren ausgestorben. Während der Jahrmillionen der Erdgeschichte erschienen alle möglichen Tiere auf der Erde und starben dann wieder aus. Zu ihnen gehören die Dinosaurier.

Riesige Reptilien

Obwohl es sehr unterschiedliche Dinosaurier gab, gehörten sie doch alle zu den Reptilien, ebenso wie Schildkröten, Echsen und Schlangen. Sie hatten eine schuppige oder lederartige Haut, besaßen Lungen, und ihre Jungen schlüpften aus Eiern, die durch eine harte Schale geschützt waren. Allerdings gehörten nicht alle großen Tiere der Vorgeschichte zu den Dinosauriern.

Viele andere Reptilien teilten sich den Lebensraum mit den Dinosauriern. Einige von ihnen schwammen im Meer, andere flogen durch die Luft, aber sie waren keine Dinosaurier. Dinosaurier konnten weder schwimmen noch fliegen — sie lebten auf dem Land oder auch in flachen Sümpfen.

Die Beine der Dinosaurier unterschieden sich von denen der meisten anderen Reptilien. Sie verliefen senkrecht unter dem Körper und hielten ihn aufrecht. Viele Dinosaurier waren wahrscheinlich gute Läufer. Andere Reptilien besaßen dagegen seitwärtsgerichtete Beine wie die heutigen Krokodile. Diese Tiere schleppten ihre Körper dicht über dem Boden dahin und waren wahrscheinlich nicht so beweglich wie die Dinosaurier.

Was wissen wir über Dinosaurier?

Versteinerte Knochen und Zähne von ihnen sind in Gestein gefunden worden. Das ist jedoch so ziemlich das einzige, was mit Sicherheit feststeht. Niemand hat je einen lebenden Dinosaurier zu Gesicht bekommen. Niemand weiß, ob ihre Haut bunt gefärbt war, oder ob sie „Tarnfarbe" trugen. Wie lange lebten sie? Konnten sie Geräusche hervorbringen? Wie verhielten sie sich? Was genau haben sie gefressen? Mit Hilfe der in diesem Buch beschriebenen Methoden kann man zwar Vermutungen anstellen, aber völlige Gewißheit wird man vermutlich nie haben.

Ein besonders bekannter Dinosaurier

Einer der Dinosaurier, über den Wissenschaftler am meisten in Erfahrung bringen konnten, ist Iguanodon. *In ganz Europa und Asien wurden Tausende von versteinerten Knochen von ihm in etwa 120 Millionen Jahre altem Gestein gefunden, darunter auch eine Reihe vollständiger Skelette. Auch in Nord- und Südamerika, Afrika und Australien wurden Überreste von* Iguanodon-*ähnlichen Dinosauriern gefunden.*

Fehlende Schneidezähne
Iguanodon hatte keine Schneidezähne. Die vorderen Enden seiner Kiefer waren geformt wie ein Schnabel, der für einen Fleischfresser völlig nutzlos gewesen wäre. *Iguanodon* war also wahrscheinlich ein Pflanzenfresser.

Der Beweis
Die Backenzähne von *Iguanodon* waren ebenso breit und flach, wie die der heutigen Pflanzenfresser. Diese Tatsache und die Schlüsse, die aus dem „Schnabel" gezogen werden können, beweisen recht eindeutig, daß *Iguanodon* ein Pflanzenfresser war. *Weitere Informationen über Pflanzenfresser finden sich auf den Seiten 44-45.*

Ein nützliches Paar Hände
Dinosaurier, die sich hauptsächlich auf den Hinterbeinen fortbewegten, hatten die Hände für andere Dinge frei. *Iguanodon* hatte hufartige Mittelfinger, auf die er sich wahrscheinlich beim Fressen stützte. Der kleine Finger war von den anderen getrennt und diente vielleicht zum Greifen von Nahrung. Den spitzen Daumen benutzte er möglicherweise als Verteidigungswaffe.

Schuppige Haut

Normalerweise verrotten die weichen Körperteile wie die Haut eines toten Tieres, ehe sie versteinern. Es sind jedoch Abdrücke in Gestein gefunden worden, an denen sich erkennen läßt, daß die Haut schuppig und rauh war. Es ist allerdings unmöglich festzustellen, welche Farbe die Haut hatte und ob sie vielleicht sogar Punkte oder Streifen aufwies.

Scharfe Sinne?

An den Schädelknochen eines Dinosauriers läßt sich zwar die allgemeine Kopfform ablesen, aber über das Aussehen von Augen, Ohren und Nüstern können nur Vermutungen angestellt werden. Es ist nicht bekannt, ob *Iguanodon* gut sehen oder hören konnte. Die vielen Fossilien lassen aber vermuten, daß diese Tiere sehr zahlreich waren. *Weitere Informationen über Schädel finden sich auf den Seiten 44-45.*

Wie groß war das Gehirn?

Die Größe eines Dinosauriergehirns kann anhand der Größe des „Loches" innerhalb des versteinerten Schädels geschätzt werden. Wie die heutigen Reptilien hatten auch *Iguanodon* und viele andere Dinosaurier im Verhältnis zu ihren großen Körpern sehr kleine Gehirne. Es gibt jedoch keine Möglichkeit herauszufinden, wie intelligent sie waren.

Zwei Beine oder vier?

Obwohl so viele *Iguanodon*-Fossilien gefunden wurden, sind sich die Wissenschaftler bisher noch nicht einig, ob dieses Tier auf zwei Beinen lief oder auf allen vieren. Wahrscheinlich lief es auf den Hinterbeinen und benutzte die Vorderbeine nur, um sich beim Grasen abzustützen, wie es heute die Känguruhs tun.

Ein gewaltiger Körper
Da *Iguanodon* riesige Mengen an Pflanzen fressen mußte, um am Leben zu bleiben, muß er einen ausgesprochen umfangreichen Verdauungsapparat besessen haben. Sein Körper dürfte also gewaltige Ausmaße gehabt haben. Vermutlich schluckten einige der pflanzenfressenden Dinosaurier Steine, die halfen, die Nahrung in ihrem Magen zu zermahlen.

Iguanodon

Iguanodon
Auf diesem und anderen Bildern ist zu sehen, wie groß ein Dinosaurier im Vergleich zum Menschen gewesen wäre — wenn es damals schon Menschen gegeben hätte! *Iguanodon* war ungefähr 10 Meter lang und wog 2 bis 4 Tonnen.

Warum sind die Beckenknochen so wichtig?

Wissenschaftler unterteilen die Dinosaurier anhand der Form ihrer Beckenknochen in zwei Hauptgruppen. Diese Aufteilung erscheint zwar nicht besonders wichtig, ist aber für das Studium der Dinosaurier von entscheidender Bedeutung. Eine Gruppe wird als *Saurischia* bezeichnet, was „Echsenbecken-Dinosaurier" bedeutet. Bei ihnen ist einer der Beckenknochen, das Schambein, nach unten und vorn gerichtet; parallel zum Oberschenkelknochen, wie es auch bei den heutigen Reptilien der Fall ist. Bei der anderen Gruppe, den *Ornithischia* oder „Vogelbecken-Dinosauriern" zeigt das Schambein wie bei den heutigen Vögeln nach unten und hinten. Wie aus dem Bild zu ersehen ist, gehört *Iguanodon* zu den Vogelbecken-Dinosauriern.

Die Aufgabe des Schwanzes

Die Schwänze der Dinosaurier sehen sich durchweg ziemlich ähnlich. Sie konnten jedoch, wie andere Körperteile, auch bestimmten Zwecken dienen. *Iguanodon* hob seinen Schwanz beim Rennen wahrscheinlich vom Boden und benutzte ihn als Gegengewicht, um nicht vornüberzufallen. Vielleicht diente er ihm beim Abfressen von Blättern auch als „Sitzplatz".

DIE ENTDECKUNG DER DINOSAURIER

Wenn ein Tier oder eine Pflanze stirbt, kann verschiedenes passieren. Meistens werden sie von anderen Tieren gefressen oder verrotten allmählich, aber manchmal werden ihre Reste auch in einen Fluß oder See gespült und auf seinem Grund von Schlamm bedeckt. Sie können auch in einer Wüste unter herangewehtem Sand begraben werden. Mit der Zeit wird die Schicht aus Schlamm oder Sand auf den Überresten immer mächtiger, so daß sie durch das Gewicht unter starken Druck geraten. Allmählich verwandeln sich Schlamm und Sand zu Gestein. Chemikalien aus dem Gestein dringen in die Reste ein, verhärten sie und wandeln sie auch in Gestein um. Sie werden zu *Fossilien.*

Fossilien bilden sich im Laufe von Jahrtausenden. Aus jedem Tier und jeder Pflanze kann ein Fossil werden. Im allgemeinen verrotten die weichen Körperteile wie Haut, Eingeweide und Muskeln jedoch zu schnell, um versteinern zu können. Zu Fossilien werden meistens nur harte Teile wie Schalen, Knochen und Zähne; allerdings werden auch sie dabei oft zerbrochen oder zerquetscht. Auch aus harten Pflanzenteilen wie Samen und Pollenkörnern können Fossilien werden.

Fossilien können sich auch auf andere Weise bilden. Manchmal wird ein totes Tier (zum Beispiel bei einem Erdrutsch) sehr schnell und vollständig begraben. Später zerfallen seine Überreste, und das dadurch entstehende „Loch" wird wie eine Hohlform mit Gestein ausgefüllt. Auch der Kot eines Tieres oder sein Fußabdruck an einem sandigen Ufer können versteinern. Den größten Teil ihrer Erkenntnisse über das Leben in der Vorzeit haben Wissenschaftler aus solchen Fossilien gewonnen. Besonders von den großen Dinosauriern sind viele interessante Fossilien erhalten. Allerdings ist es sehr schwierig, sie zu finden und so auszugraben, daß sie nicht beschädigt werden.

Die Ausgrabungsstelle

Manchmal werden Fossilien entdeckt, die auf der Erdoberfläche liegen. Meistens sind sie aber noch im Erdreich eingebettet und höchstens an einer Felswand zu sehen. Die ersten Hinweise sind ein paar Knochen, die sich aus dem Felsen gelöst haben, oder auf einem Feld oder in einem Steinbruch zufällig ausgegraben wurden. Solche Funde rufen die Fachleute auf den Plan, die dann mit systematischen Ausgrabungen beginnen.

Entfernen des Gesteins
Große Erd- und Felsbrocken werden mit Baggern und Planierraupen beseitigt. Je näher die Forscher dem Fossil kommen, desto vorsichtiger wird gearbeitet, und es werden nur noch Schaufeln, Bohrer, Hämmer und Meißel eingesetzt.

Wichtige Unterlagen
Bevor die Knochen vom Fundort entfernt werden, werden sie vermessen und Notizen, Zeichnungen und Fotos gemacht. Die Knochen können nur dann wieder richtig zusammengesetzt werden, wenn genaue Aufzeichnungen vorhanden sind.

Ausgräber

Fotos

Gipsverband

Das äußere Schwanzende
Auf den beiden vorhergehenden Seiten findet sich der zu dieser Schwanzspitze gehörende Körper des *Iguanodon.*

Mit der Schaufel in die Vergangenheit
Sand und Schlamm, die auf den Grund von Flüssen, Seen und Meeren absinken, lagern sich in Schichten ab. Ihr ungeheures Gewicht preßt das darunterliegende Material zu

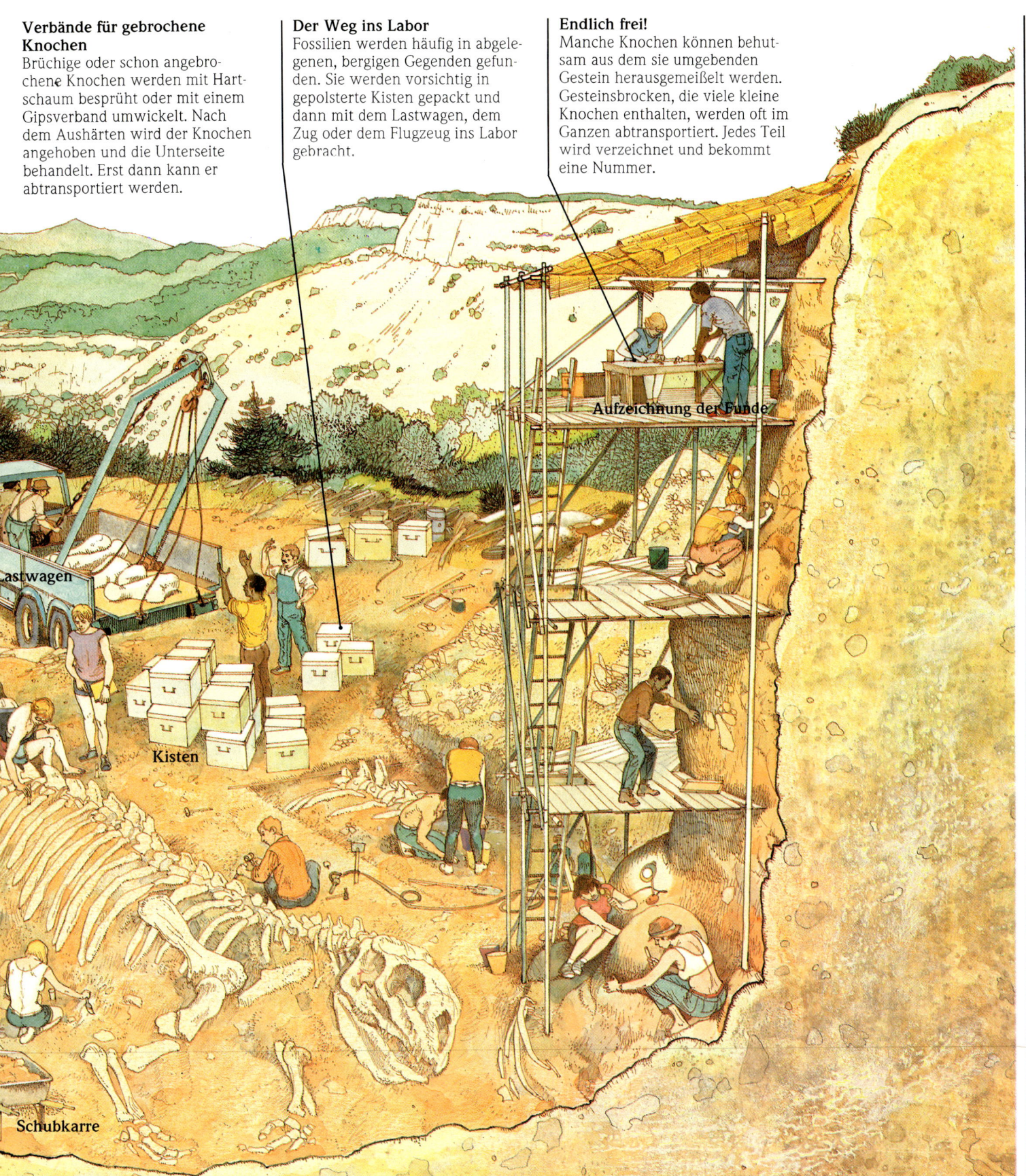

Verbände für gebrochene Knochen
Brüchige oder schon angebrochene Knochen werden mit Hartschaum besprüht oder mit einem Gipsverband umwickelt. Nach dem Aushärten wird der Knochen angehoben und die Unterseite behandelt. Erst dann kann er abtransportiert werden.

Der Weg ins Labor
Fossilien werden häufig in abgelegenen, bergigen Gegenden gefunden. Sie werden vorsichtig in gepolsterte Kisten gepackt und dann mit dem Lastwagen, dem Zug oder dem Flugzeug ins Labor gebracht.

Endlich frei!
Manche Knochen können behutsam aus dem sie umgebenden Gestein herausgemeißelt werden. Gesteinsbrocken, die viele kleine Knochen enthalten, werden oft im Ganzen abtransportiert. Jedes Teil wird verzeichnet und bekommt eine Nummer.

Aufzeichnung der Funde

Lastwagen

Kisten

Schubkarre

Gestein zusammen. Jede Schicht unterscheidet sich geringfügig von der nächsten, und je tiefer eine Schicht liegt, desto älter ist sie. In jeder Schicht bilden sich Fossilien. Da sich die Pflanzen- und Tierwelt ständig verändert, unterscheiden sich auch die Fossilien in den einzelnen Schichten. *Paläontologen* (Fossilforscher) können das Alter der verschiedenen Gesteinsschichten und der in ihnen enthaltenen Fossilien feststellen. Eine Methode besteht darin, die schwache radioaktive Strahlung zu messen, die von dem Gestein ausgeht. Nur Gestein, das zwischen 65 und 205 Millionen Jahre alt ist, kann Dinosaurierfossilien enthalten.

DAS ZUSAMMENBAUEN EINES DINOSAURIERS

Das Zusammensetzen eines Dinosauriers ist eine mühsame und langwierige Arbeit. Es kann Jahre dauern, bis alles Gestein von den fossilen Knochen und Zähnen entfernt ist. Zerbrochene oder zerquetschte Knochen müssen wieder hergestellt, fehlende Stücke ergänzt und alle Teile zu einem vollständigen Skelett zusammengefügt werden. Dann muß entschieden werden, wie die anderen Bestandteile des Körpers wohl ausgesehen haben, zum Beispiel das Gehirn, die Muskeln, die Verdauungsorgane, das Fett und die Haut. Die fossilen Knochen werden mit anderen Fossilien und mit den Knochen heute lebender Reptilien und anderer Tiere verglichen, um herauszufinden, wo die Muskeln gesessen und wie die Gelenke funktioniert haben könnten. Bei der Zusammensetzung eines Dinosauriers wird immer mit dem Skelett begonnen.

Besonders schwierig ist es, die Knochen freizulegen. Alles Gestein muß restlos entfernt werden, wobei aber die Knochen nicht beschädigt werden dürfen, weil sonst beim Rekonstruieren der Muskeln und weichen Körperteile leicht Fehler gemacht werden könnten. Es werden viele Werkzeuge benutzt, von Hammer und Meißel bis zu Ultraschall-Werkzeugen, die das Gestein mit extrem starken Schallwellen lösen, Hochgeschwindigkeitsbohrern (wie sie auch der Zahnarzt benutzt), kleinen Sandstrahlgeräten, winzigen Preßlufthämmern und schnellaufenden Vibrationsgeräten. Manchmal werden auch Säuren benutzt, die das Gestein lösen. Diese Methode wird jedoch nur angewendet, wenn sichergestellt ist, daß sie das Fossil nicht angreifen.

Ein riesiges Puzzle

Das Nachbilden eines Dinosaurier-Skelettes läßt sich mit dem Zusammensetzen eines Puzzles vergleichen, bei dem einige Teile fehlen und andere zerbrochen sind. Hier ist eine Gruppe von Fachleuten dabei, das Skelett eines Stegosaurus zusammenzusetzen.

Stangen und Stifte

Dinosaurierfossilien bestehen aus massivem Gestein, sind also sehr schwer. Sie werden durch entsprechend gebogene Kunststoff- oder Metallstangen an Ort und Stelle gehalten. Höherliegende Teile werden von Gerüsten gestützt oder hängen an Drähten von der Decke herab.

Ein natürlicher Zwischenraum?

Dinosaurierschädel bestehen aus vielen einzelnen Knochen, die manchmal durch Zwischenräume voneinander getrennt sind. Aber oft stellt sich die Frage, ob an einer bestimmten Stelle wirklich ein Zwischenram war, oder ob ein Knochen fehlt. Unverwechselbar und deshalb ein guter Ausgangspunkt für die Rekonstruktion sind Kieferknochen mit Zähnen.

Fehlende Knochen

Versteinerte Skelette, bei denen kein Knochen fehlt, sind sehr selten. Wenn zu einem fehlenden Knochen ein Gegenstück vorhanden ist, kann er nachmodelliert werden. Bei einem Knochen, der im Körper nur einmal vorkommt, richten sich die Wissenschaftler gewöhnlich nach der Knochenform eines ähnlich gebauten Dinosauriers.

Laufende Reparaturen

Große Risse werden mit Kunststoff oder Gips gefüllt. Zerbrechliche Knochen verstärkt man mit einem Hartschaum-Überzug. Da die Fossilien sehr schwer sind, werden oft Modelle aus Kunststoff oder Gips hergestellt und die Originalteile an einem sicheren Ort gelagert.

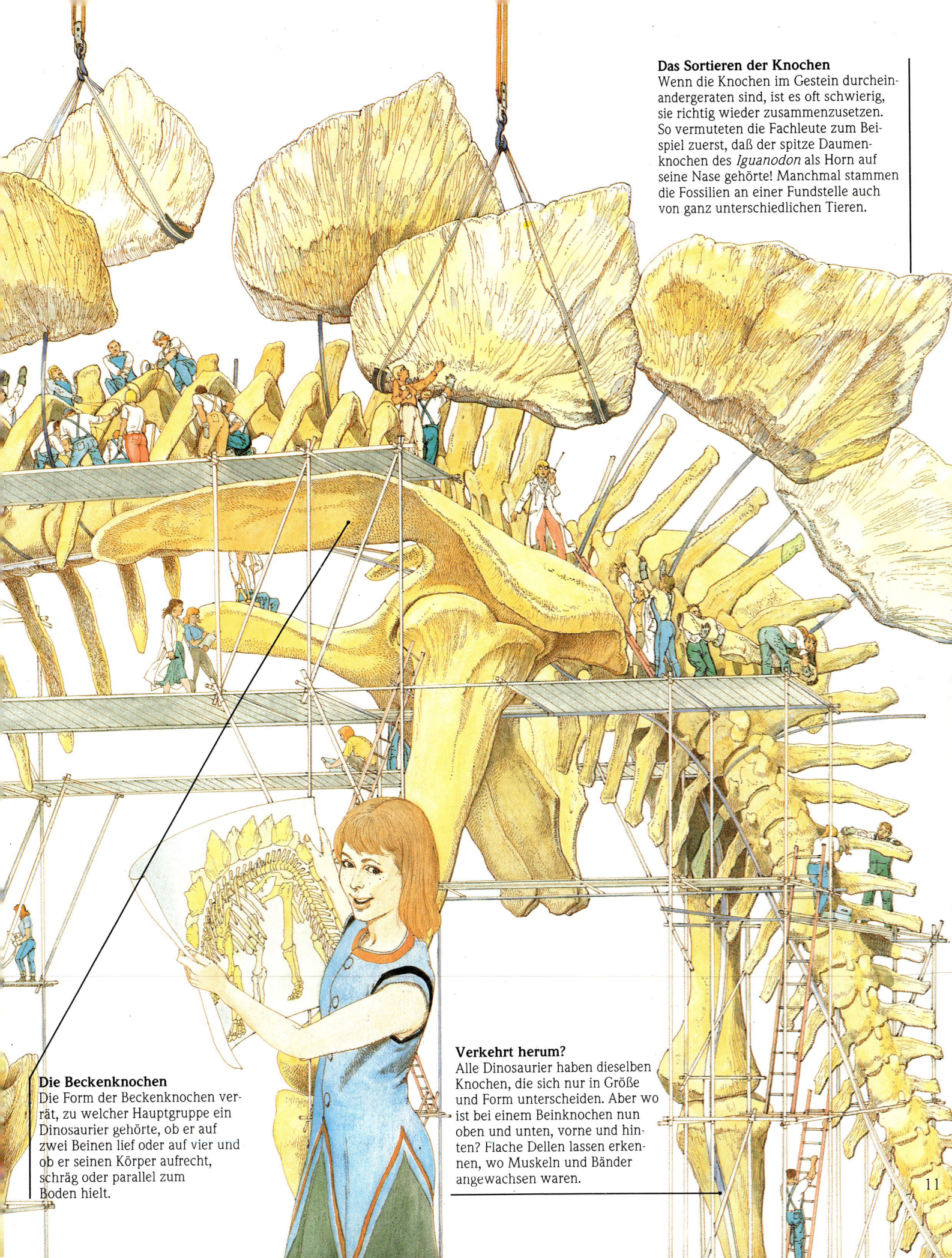

Das Sortieren der Knochen
Wenn die Knochen im Gestein durcheinandergeraten sind, ist es oft schwierig, sie richtig wieder zusammenzusetzen. So vermuteten die Fachleute zum Beispiel zuerst, daß der spitze Daumenknochen des *Iguanodon* als Horn auf seine Nase gehörte! Manchmal stammen die Fossilien an einer Fundstelle auch von ganz unterschiedlichen Tieren.

Die Beckenknochen
Die Form der Beckenknochen verrät, zu welcher Hauptgruppe ein Dinosaurier gehörte, ob er auf zwei Beinen lief oder auf vier und ob er seinen Körper aufrecht, schräg oder parallel zum Boden hielt.

Verkehrt herum?
Alle Dinosaurier haben dieselben Knochen, die sich nur in Größe und Form unterscheiden. Aber wo ist bei einem Beinknochen nun oben und unten, vorne und hinten? Flache Dellen lassen erkennen, wo Muskeln und Bänder angewachsen waren.

11

DIE ERDE VERÄNDERT SICH

Seit der Entstehung der Erde vor ungefähr 4,5 Milliarden Jahren sind ständig sehr langsam ablaufende Veränderungen auf ihr vorgegangen. Die täglichen Schwankungen des Wetters bringen Wind, Regen und Schnee, durch die allmählich Berge abgetragen und Täler aufgefüllt werden. Aber auch der Boden unter unseren Füßen bewegt sich ständig, allerdings so langsam, daß man es nicht spürt. Die Erdoberfläche besteht aus mehreren Stücken, die „Platten" genannt werden, viele hundert Quadratkilometer groß sind und den Teilen eines riesigen Puzzles ähneln. Diese Platten bewegen sich jedes Jahr um nur wenige Zentimeter. Auf dem Meeresgrund steigt geschmolzenes Gestein aus dem Erdinnern auf, das sich zwischen zwei Platten drängt, sie auseinandertreibt und sich an den Kanten anlagert. Gleichzeitig brechen an anderen Stellen der Erdkruste die Ränder der Platten ab oder werden übereinandergeschoben. Wenn Platten zerbersten, kommt es zu Vulkanausbrüchen. Wo sie aneinanderstoßen, entstehen Erdbeben. Auf dieser sich ständig verändernden Erde erschienen vor ungefähr 205 Millionen Jahren die Dinosaurier.

Die Erde im Laufe der Zeit
Seit Beginn der Erdgeschichte hat sich die Lage der Kontinente immer wieder verändert. Mal sind sie einander nähergekommen, dann sind sie wieder auseinandergedriftet. Gleichzeitig veränderte sich auch das Tier- und Pflanzenleben.

Trias
Begann vor 225 und endete vor 193 Millionen Jahren. Die ersten Dinosaurier erschienen. Reptilien gab es bereits seit 100 Millionen Jahren.

Jura
Begann vor 193 und endete vor 136 Millionen Jahren. Es gab Dinosaurier in allen Formen und Größen. Der Großteil des Landes war mit üppiger Vegetation bedeckt.

Känozoikum
Nach dem Aussterben der Dinosaurier traten die Säugetiere in den Vordergrund. Vor 65 Millionen Jahren begann das „Zeitalter der Säugetiere".

Kreide
Begann vor 136 und endete vor 65 Millionen Jahren. Die Entwicklung der Dinosaurier erreichte mit Hunderten von Arten auf der ganzen Welt ihren Höhepunkt.

Heute
Ein Säugetier beherrscht die Erde. Es ist das „Zeitalter des Menschen".

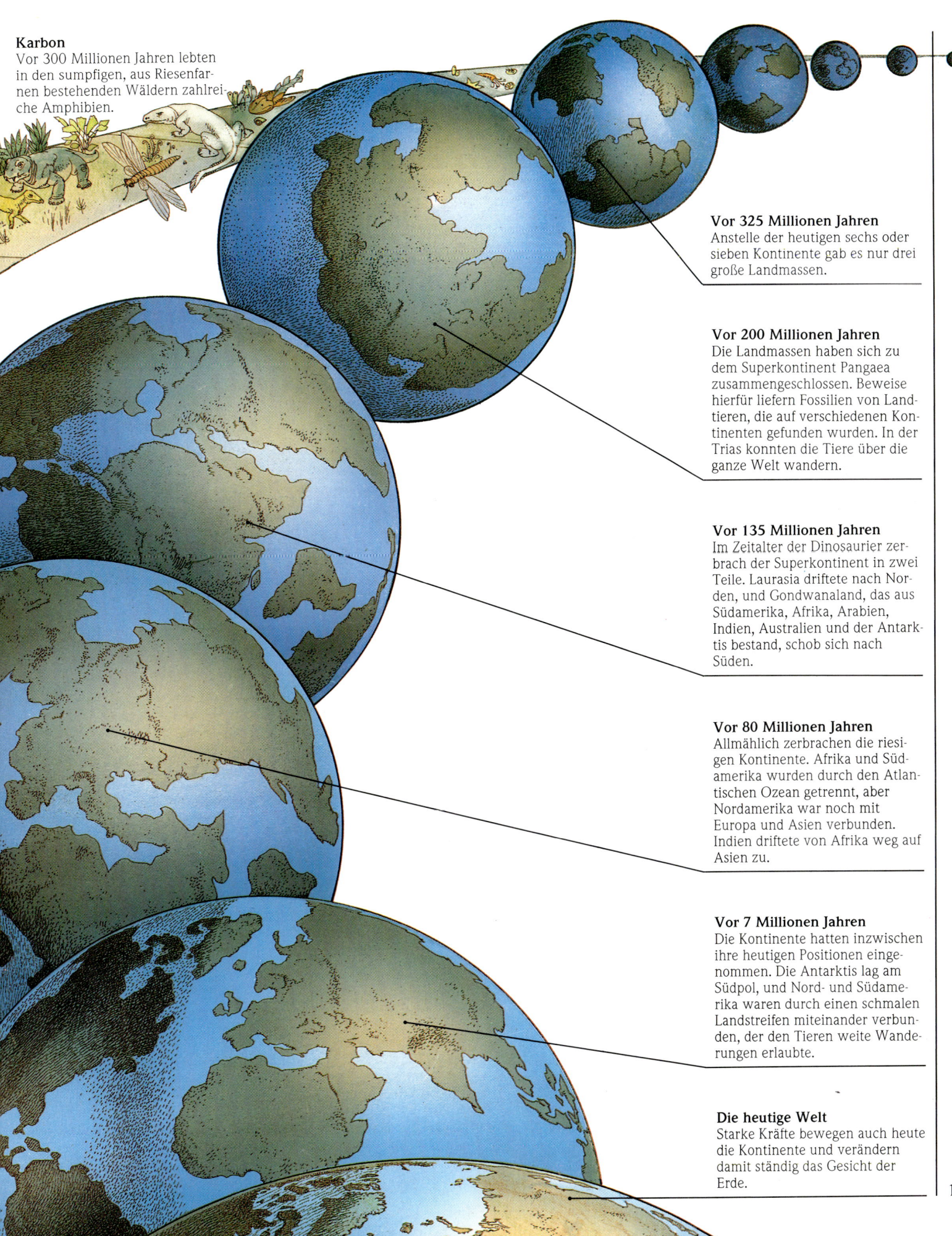

Karbon
Vor 300 Millionen Jahren lebten in den sumpfigen, aus Riesenfarnen bestehenden Wäldern zahlreiche Amphibien.

Vor 325 Millionen Jahren
Anstelle der heutigen sechs oder sieben Kontinente gab es nur drei große Landmassen.

Vor 200 Millionen Jahren
Die Landmassen haben sich zu dem Superkontinent Pangaea zusammengeschlossen. Beweise hierfür liefern Fossilien von Landtieren, die auf verschiedenen Kontinenten gefunden wurden. In der Trias konnten die Tiere über die ganze Welt wandern.

Vor 135 Millionen Jahren
Im Zeitalter der Dinosaurier zerbrach der Superkontinent in zwei Teile. Laurasia driftete nach Norden, und Gondwanaland, das aus Südamerika, Afrika, Arabien, Indien, Australien und der Antarktis bestand, schob sich nach Süden.

Vor 80 Millionen Jahren
Allmählich zerbrachen die riesigen Kontinente. Afrika und Südamerika wurden durch den Atlantischen Ozean getrennt, aber Nordamerika war noch mit Europa und Asien verbunden. Indien driftete von Afrika weg auf Asien zu.

Vor 7 Millionen Jahren
Die Kontinente hatten inzwischen ihre heutigen Positionen eingenommen. Die Antarktis lag am Südpol, und Nord- und Südamerika waren durch einen schmalen Landstreifen miteinander verbunden, der den Tieren weite Wanderungen erlaubte.

Die heutige Welt
Starke Kräfte bewegen auch heute die Kontinente und verändern damit ständig das Gesicht der Erde.

13

LEBEN VOR DEN DINOSAURIERN

Schon vor dem Erscheinen der Dinosaurier gab es vielfältige Lebensformen auf der Erde. In den warmen, flachen Meeren entstanden durch chemische Vorgänge die ersten Lebewesen. Im Laufe einer langen Zeit vereinigten sich einige von ihnen zu größeren und komplizierteren Organismen. Den ersten Pflanzen folgten die ersten Tiere, die sich von den Pflanzen ernährten. Danach traten auch Fleischfresser auf. Diese Entwicklung oder *Evolution* brachte eine Vielfalt von sehr verschiedenartigen Lebewesen hervor, zum Beispiel Quallen, Würmer, Schnecken und Fische. Woher wissen wir das? Wie von den Dinosauriern wurden auch von diesen Tieren Fossilien gefunden. Selbst Tiere mit weichen Körpern versteinerten gele-

1 Die Entstehung der Erde
Vor ungefähr 6 Milliarden Jahren wirbelten Staub, Gase und Gesteinsbrocken durch den Weltraum, die durch die Schwerkraft allmählich zu einer festen Kugel zusammengepreßt wurden. Diese Kugel war die Erde, die um die Sonne kreiste. Wie die Erde damals ausgesehen hat, weiß niemand.

2 Die ersten Lebewesen
Nachdem die Erde abgekühlt war, bildeten sich in den warmen Meeren die ersten Lebewesen. Wahrscheinlich waren es Organismen, die den heute lebenden Blau- und Grünalgen und den Bakterien ähnelten. Ihre mikroskopisch kleinen Überreste wurden in 3,2 Milliarden Jahre altem afrikanischem Gestein gefunden.

Algen — frühe Pflanzen

3 Höher entwickeltes Leben
Allmählich entstanden größere und kompliziertere Lebewesen. Fossilien von ihnen sind sehr selten, weil sie weiche Körper hatten. In Australien sind jedoch Beweise dafür gefunden worden, daß vor 670 Millionen Jahren Quallen und Würmer im Meer lebten.

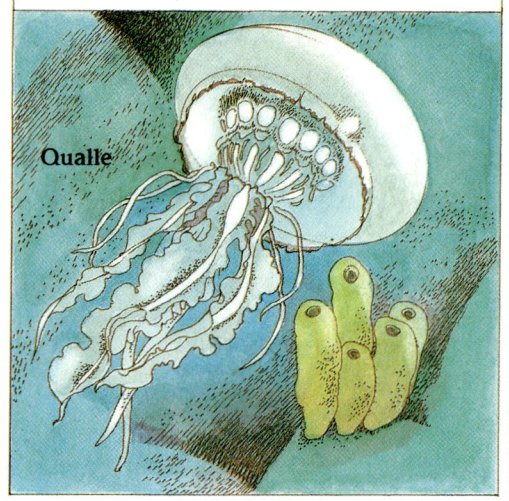

Qualle

7 Die ersten Landpflanzen
Die frühesten Pflanzen lebten im Wasser. Im Laufe von Jahrmillionen entwickelten sie eine wächserne Außenhülle, die sie vor dem Austrocknen schützte, und feste Stengel und konnten so an Land leben. *Cooksonia,* eine frühe Landpflanze, hatte keine Blätter, Blüten und Wurzeln und wurde nur wenige Zentimeter hoch.

Cooksonia

8 Die ersten Amphibien
Amphibien können sowohl an Land als auch im Wasser leben. Die ersten entwickelten sich vor 345 bis 280 Millionen Jahren aus Fischen. Anfangs hatten sie noch die Form von Fischen, später hatten sie mehr Ähnlichkeit mit Echsen. Zur Eiablage mußten sie ins Wasser zurückkehren.

Therapsiden

9 Säugetierähnliche Reptilien
Vor ungefähr 280 Millionen Jahren waren die Reptilien wesentlich zahlreicher als die Amphibien. Eine der ersten wichtigen Gruppen war die der „Säugetierähnlichen Reptilien" oder Therapsiden. Wissenschaftler sind der Ansicht, daß sich aus ihnen die Säugetiere entwickelten.

Dimetrodon

gentlich. Möglicherweise wurden sie von einer Schlammlawine auf dem Meeresgrund begraben und versteinerten, ehe ihre Körper zerfallen konnten. Solche glücklichen Zufälle gewähren uns Einblicke in das Leben vor der Zeit der Dinosaurier.

4 Die ersten Schalenträger
Vor ungefähr 570 Millionen Jahren entstanden die ersten Tiere mit harten Schalen, die den weichen Körper schützten. Zu ihnen gehörten die Armfüßer, die mehrere Millionen Jahre weit verbreitet waren. Sie hatten eine zweiklappige Schale, von der häufig Fossilien gefunden werden.

Armfüßer

5 Die Entstehung der Wirbelsäule
Die Entwicklung der Wirbelsäule stellte einen großen Fortschritt dar, weil sie den Tieren größere Beweglichkeit verschaffte. Die ersten Wirbeltiere waren vor 500 Millionen Jahren die Fische. Sie konnten sehr gut sehen und waren durch Knochenplatten geschützt.

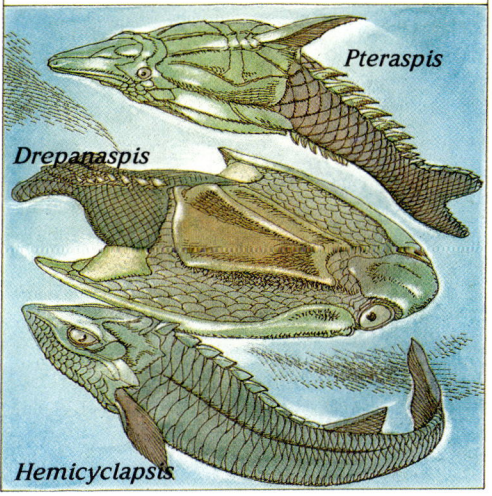

Pteraspis

Drepanaspis

Hemicyclapsis

6 Fische auf dem Trockenen
Eine Gruppe von Fischen besaß kräftige, fleischige Flossen, mit denen sie sich wie auf Beinen fortbewegen konnten. Sie hatten Lungen, konnten also auch außerhalb des Wassers atmen. Vor ungefähr 370 Millionen Jahren krochen die ersten von ihnen an Land.

Ichthyostega

10 Die ersten Insekten
Wie die Pflanzen erschienen auch die Insekten lange vor den Amphibien auf dem Land. Sie dienten den Amphibien als Nahrung. Vor 300 Millionen Jahren gab es Schaben und Riesenlibellen mit Flügelspannweiten bis zu 60 Zentimetern.

Megameura

Frühe Schabe

11 Immer mehr Reptilien
Vor ungefähr 200 Millionen Jahren gab es bereits viele verschiedene Arten von Reptilien. Sehr verbreitet waren die Rhynchosaurier. Sie hatten ungefähr die Größe von Schafen und kleine, meißelförmige Zähne, die sich zum Zerkleinern von Pflanzen eigneten.

Rhynchosaurier

12 Die Vorfahren der Dinosaurier
Eine andere frühe Reptiliengruppe waren die Thecodontier, die sich vor mehr als 220 Millionen Jahren entwickelten. Zuerst ähnelten sie Krokodilen, begannen aber bald, auf zwei Beinen zu laufen. Zu ihnen gehören vermutlich die Vorfahren der Dinosaurier.

Thecodont

DIE ERSTEN DINOSAURIER

Vor ungefähr 220 Millionen Jahren gab es auf der Erde mehrere Gruppen von großen Reptilien. Eine dieser Gruppen waren die Thecodontier (Wurzelzähner). Sie hatten geradere Beine als die anderen Reptilien, scharfe Zähne, mit denen sie ihre Beute zerrissen, und hielten sich gern im Wasser auf. Viele von ihnen ähnelten den heutigen Krokodilen, und ihre Vorfahren waren auch die Vorfahren der Krokodile. Aus ihnen ging noch eine andere Reptiliengruppe hervor — die Dinosaurier.

Vor 205 Millionen Jahren entwickelten sich die Dinosaurier aus thecodontier-ähnlichen Reptilien. Ihre Beine standen senkrecht unter dem Körper, und einige von ihnen liefen auf den Hinterbeinen, wobei sie beachtliche Geschwindigkeiten erreichten und sich mit den Schwänzen im Gleichgewicht hielten. Schon bald bildeten sich die beiden großen Hauptgruppen der Dinosaurier heraus: Die Saurischier mit einem echsenähnlichen Becken und die Ornithischier mit einem vogelähnlichen Becken *(siehe Seite 7)*.

Die Saurischier, die zuerst erschienen, werden in zwei Gruppen aufgeteilt. Die eine Gruppe, zu der Prosauropoden wie *Plateosaurus* gehörten, war vermutlich mit den riesigen Sauropoden („Elefanten-Füßer") *(siehe Seite 24—25)* verwandt, die sich auf vier Beinen bewegten und Pflanzenfresser waren. Die andere Gruppe waren Theropoden („Raubtier-Füßer") wie *Coelophysis*, die auf zwei Beinen liefen und Raubtiere waren.

Aufrechter Gang

Im Unterschied zu den meisten Reptilien befanden sich bei den Dinosauriern die Beine direkt unter dem Körper und standen nicht seitlich ab.

1 Echsen
Damals wie heute schieben sich Echsen mit ihren seitwärtsgerichteten Beinen voran.

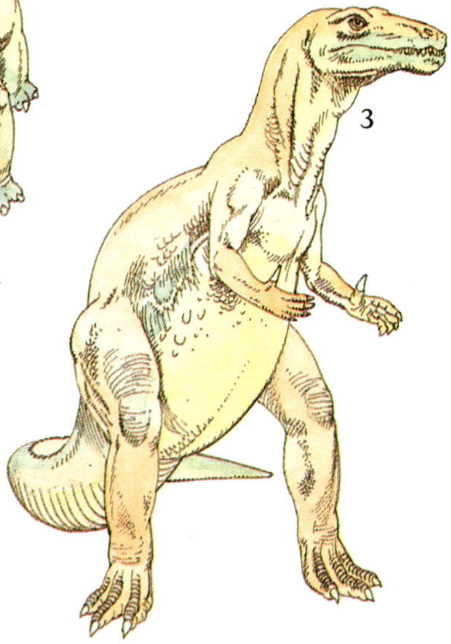

2 Thecodontier
Die Beine dieser Dinosaurier-Vorläufer saßen weiter unter dem Körper.

3 Dinosaurier
Die Beine stehen senkrecht unter dem Körper und tragen sein Gewicht.

Zwei frühe Dinosaurier
Der große, schwerfällige Plateosaurus *aus Europa und der kleinere, schlankere* Coelophysis *aus dem Südwesten der Vereinigten Staaten gehören zu den frühesten Dinosauriern. Sie lebten vor gut 200 Millionen Jahren.*

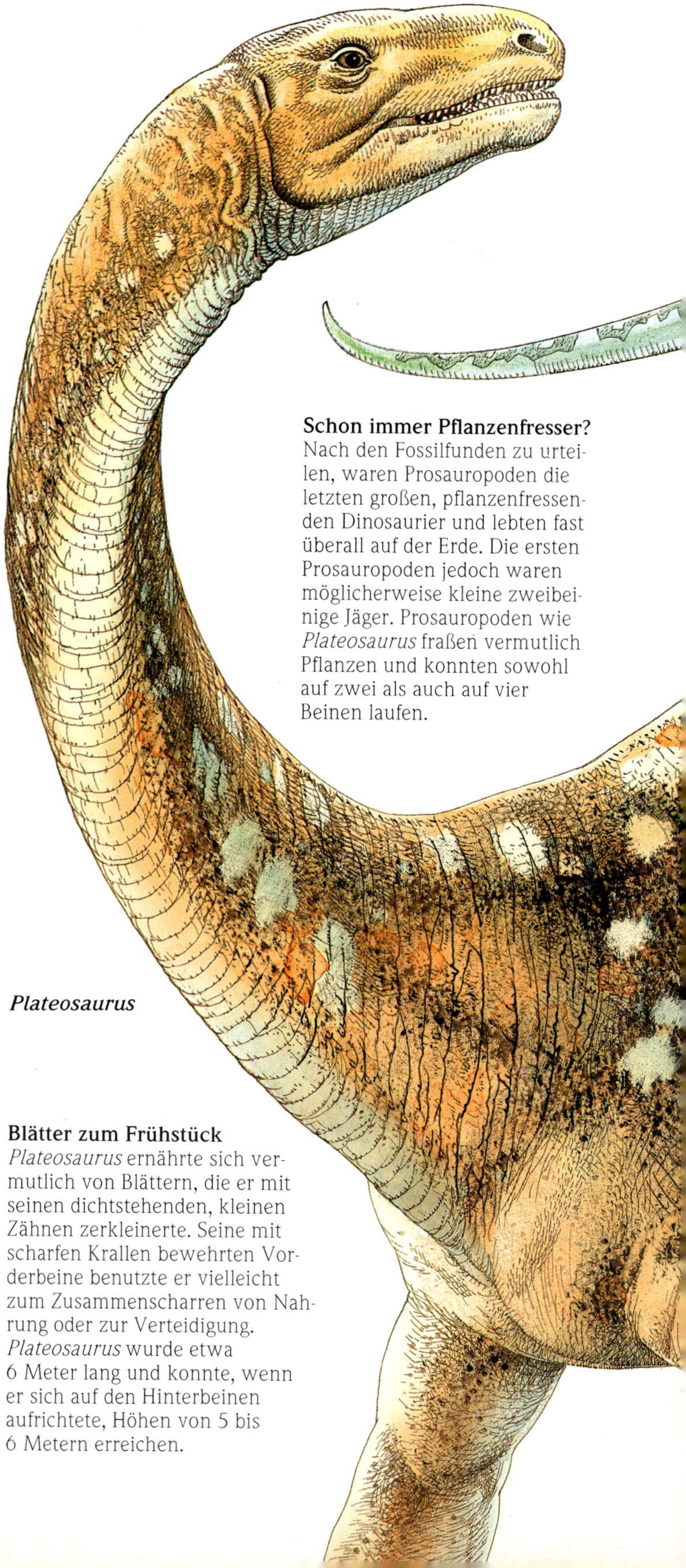

Schon immer Pflanzenfresser?
Nach den Fossilfunden zu urteilen, waren Prosauropoden die letzten großen, pflanzenfressenden Dinosaurier und lebten fast überall auf der Erde. Die ersten Prosauropoden jedoch waren möglicherweise kleine zweibeinige Jäger. Prosauropoden wie *Plateosaurus* fraßen vermutlich Pflanzen und konnten sowohl auf zwei als auch auf vier Beinen laufen.

Plateosaurus

Blätter zum Frühstück
Plateosaurus ernährte sich vermutlich von Blättern, die er mit seinen dichtstehenden, kleinen Zähnen zerkleinerte. Seine mit scharfen Krallen bewehrten Vorderbeine benutzte er vielleicht zum Zusammenscharren von Nahrung oder zur Verteidigung. *Plateosaurus* wurde etwa 6 Meter lang und konnte, wenn er sich auf den Hinterbeinen aufrichtete, Höhen von 5 bis 6 Metern erreichen.

Echsen als Mahlzeit
Coelophysis wurde fast 3 Meter
lang und wog knapp 30 Kilogramm. Er lief nur auf den Hinterbeinen und konnte dabei hohe
Geschwindigkeiten erreichen. Er
hatte viele scharfe Zähne und
ernährte sich wahrscheinlich von
kleinen, echsenähnlichen Reptilien, die zu seiner Zeit lebten.

Coelophysis

Für Geschwindigkeit gebaut
Coelophysis hatte lange Beine
und Füße, einen schlanken Körper, einen langen Schwanz, mit
dem er das Gleichgewicht hielt,
und leichte, hohle Knochen. Diese
Merkmale deuten darauf hin, daß
er sehr schnell war. Er rannte auf
dreien seiner vier Zehen und hatte
an jeder Hand drei lange, mit
scharfen Krallen bewehrte „Finger", mit denen er seine kleinen
Beutetiere packte.

DAS ZEITALTER DER DINOSAURIER

Zu Beginn des Zeitalters der Dinosaurier herrschte ein warmes und trockenes Klima. Als die Kontinente zu wandern begannen *(siehe Seite 12)*, änderte sich allmählich auch das Klima. Es entwickelten sich neue Pflanzen und Tiere. Manche von ihnen paßten sich gut an, andere starben aus. Aus versteinerten Pflanzen wissen wir, daß in dem nun warmen und feuchten Klima ausgedehnte Wälder aus riesigen Farnen, massigen Farnpalmen und Nadelbäumen wie Eiben, Zypressen und Schuppentannen entstanden. In dieser sich ständig verändernden Welt veränderten sich auch die Dinosaurier. Vor ungefähr 100 Millionen Jahren erschienen Blütenpflanzen und blühende Bäume. Bald gab es Wälder aus Magnolien, Lorbeerbäumen und Eichen. Vögel, Insekten und andere Tiere entwickelten sich und ernährten sich vom Nektar der neuen Blütenpflanzen. Als das Zeitalter der Dinosaurier zu Ende ging, hatte sich das Aussehen der Erde sehr verändert.

Leben in der späten Jurazeit
Vor ungefähr 140 Millionen Jahren, in der späten Jurazeit, gab es Dinosaurier schon seit rund 60 Millionen Jahren. In dieser Zeit haben sie sich in jede nur vorstellbare Richtung entwickelt. Gleichzeitig mit ihnen lebten viele andere Reptilien, Säugetiere und die ersten Vögel.

Stegosaurus

Allosaurus

Säugetiere

Echse

Wandelnde Fleischvorräte
Die großen pflanzenfressenden Dinosaurier waren die Beute der gewaltigen fleischfressenden Dinosaurier wie *Allosaurus*. Die Fleischfresser mußten schnell sein und in ihren Klauen und Zähnen wirksame Waffen besitzen.

Der Kampf ums Dasein
Wie die heute lebenden Tiere mußten auch die Dinosaurier um ihr Dasein kämpfen, und nur die am besten Angepaßten konnten überleben. Der gewaltige *Stegosaurus* mit seinem nur eigroßen Gehirn war vermutlich nicht besonders intelligent — trotzdem überlebte seine Art Millionen von Jahren.

Säugetiere
Die ersten Säugetiere erschienen schon bald nach den ersten Dinosauriern. Sie besaßen ein Fell und waren Warmblüter. Sie gingen nachts auf Nahrungssuche, wenn die Dinosaurier zu stark abgekühlt waren, um sie verfolgen zu können.

Sauropoden
Diese riesigen pflanzenfressenden Dinosaurier waren recht verbreitet *(siehe Seite 24)*. *Apatosaurus* lebte in Herden und weidete mit seinen Stummelzähnen Blätter von den Bäumen ab.

Schildkröten und Echsen
Diese beiden Reptilgruppen haben sich seit dem Zeitalter der Dinosaurier kaum verändert. Die Echsen der Vorzeit ernährten sich wahrscheinlich von Kleintieren und Insekten.

Flugsaurier
Diese geflügelten Wirbeltiere waren keine Dinosaurier, sondern Reptilien. Sie beherrschten rund 140 Millionen Jahre die Luft. Einige von ihnen könnten ein Fell gehabt haben und Warmblüter gewesen sein.

Flugsaurier

Apatosaurus

Schildkröte

Archaeopteryx

Ornitholestes

Fertig zum Abflug
Kleine Tiere wie *Archaeopteryx* *(siehe Seite 56)* hatten unter den Dinosauriern zahlreiche Feinde. Das Flugvermögen der Vögel hat sich vielleicht entwickelt, weil diese Tiere so oft vor Verfolgern fliehen mußten.

Ein kleiner Räuber
Ornitholestes war ein typischer Vertreter der kleinen, behenden Dinosaurier, die keinen Leckerbissen verschmähten — sie fraßen alles, Insekten, Frösche, Echsen, Reptilien- und Vogeleier und sogar junge Dinosaurier.

9

Leben in der späten Kreidezeit

In der späten Kreidezeit, vor ungefähr 70 Millionen Jahren, neigte sich das Zeitalter der Dinosaurier seinem Ende zu. Aber noch gab es viele verschiedene Dinosaurierarten. Aus den drei „Familiengruppen", die es vor 200 Millionen Jahren gegeben hatte, waren sechzehn geworden. Auch die Pflanzen und Tiere, mit denen die Dinosaurier zusammenlebten, hatten sich verändert. Die Flugsaurier mußten ihren Lebensraum jetzt mit den Vögeln teilen. An die Stelle von Farnpalmen, Farnen und Nadelbäumen waren Bäume getreten, die Blüten und Früchte trugen, und niedrige Pflanzen bedeckten den Boden.

Ein Riesenkrokodil

Krokodile gab es schon vor den Dinosauriern. *Deinosuchus*, in Texas gefunden, hatte einen fast 2 Meter langen Schädel. Seine Körperlänge könnte über 12 Meter betragen haben!

Die ersten Vögel

Zu den ersten Vögeln gehörten wahrscheinlich Möwen, Enten und Watvögel. *Ichthyornis* hatte ungefähr die gleiche Größe und auch ähnliche Lebensgewohnheiten wie die heutigen Möwen.

Hadrosaurier

Deinosuchus

Ichthyornis

Hesperornis

Säugetiere

Vögel beim Fischfang

Hesperornis war ein ungefähr einen Meter großer fischfressender Vogel. Mit seinem bezahnten Schnabel hielt er seine glatte Beute fest. Er hatte kräftige Beine und Füße mit Schwimmhäuten und war ein guter Schwimmer.

Im Wartestand

Inzwischen gab es schon viele Säugetiere, darunter auch spitzmausartige Insektenfresser. Aber sie waren kleine, ängstliche Geschöpfe, deren Zeit noch nicht gekommen war — noch herrschten die Dinosaurier.

Hadrosaurier

Die Hadrosaurier oder Enten-schnabel-Dinosaurier waren eine der letzten Gruppen, die sich entwickelten *(siehe Seite 42)*. Ihre Körperform läßt vermuten, daß sie viel in stehenden Gewässern und Sümpfen herumwateten.

Ceratopier

Fossilien von Horn-Dinosauriern wie *Triceratops* zeigen alle möglichen Formen bei den Hörnern und Nackenschilden. Sie dienten wahrscheinlich zum Schutz vor Angreifern.

Der König der Fleischfresser

Tyrannosaurus war mit seinen 14 Metern Länge das größte Landraubtier *(siehe Seite 48)*. Er hat sich möglicherweise von Aas ernährt.

Insekten

Bienen und Schmetterlinge erschienen wahrscheinlich zur selben Zeit wie die ersten Blütenpflanzen. Die Insekten ernährten sich vom Nektar in den Blüten und ermöglichten dafür ihre Verbreitung, indem sie Blütenstaub von Pflanze zu Pflanze trugen.

Tyrannosaurus

Triceratops

21

FOSSILE FÄHRTEN

Nicht nur Knochen können zu Fossilien werden. Ein anderes deutliches Zeugnis von Dinosauriern sind versteinerte Fußspuren und Schleifspuren von Schwänzen. Viele Fährten wurden gefunden, die offensichtlich von Dinosauriern stammen und vielleicht entstanden; als die Tiere durch weichen Sand oder Schlamm zur Tränke liefen. Anschließend trocknete die Sonne den Schlamm und ließ die Fährten hart werden. Später lagerte sich dann Schlamm über den Fährten ab, begrub sie unter sich und ließ sie versteinern. Versteinerte Dinosaurierfährten wurden an vielen Orten gefunden, zum Beispiel in Norddeutschland bei Barkhausen, im Südosten Englands, im Westen Kanadas, in Neuengland und Texas in den Vereinigten Staaten sowie in Australien und Brasilien. Zuerst glaubten die Leute, die Fährten stammten von Riesen oder Göttern. Erst als man begriff, daß es einstmals Dinosaurier gegeben hatte, konnte man sich die Spuren erklären. Aus solchen Dinosaurier-Fährten läßt sich viel Interessantes ablesen. Experten können feststellen, ob sich das Tier, von dem sie stammen, auf zwei oder auf vier Beinen fortbewegte, wie lang seine Gliedmaßen waren, und ob es gemächlich ging oder schnell lief.

Hier entlang . . .
Fährten von Dinosauriern finden sich in Gestein, das vor langer Zeit einmal Sand oder Schlamm war. In einem sechs Kilometer langen Abschnitt des Peace River Canyon in Kanada sind über 1700 Fußabdrücke gefunden worden. Diese Gegend war offensichtlich sehr beliebt!

Wandernde Herden
Eine große Anzahl gleichartiger Fährten an einem Ort deutet darauf hin, daß die Dinosaurier zumindest zeitweise in Herden umherzogen. In Texas wurden dreiundzwanzig Reihen von 120 Millionen Jahre alten Fährten gefunden, die wahrscheinlich von großen Pflanzenfressern wie *Apatosaurus* stammen.

Wo ist der Schwanzabdruck?
Die Fußspuren sind gewaltig, jede von ihnen ist etwa einen Meter lang. Aber obwohl *Apatosaurus* einen langen Schwanz hatte, sind im Boden keine Schleifspuren zu sehen. Vielleicht wateten die Tiere durch Wasser, wobei die Schwänze im Wasser trieben, oder sie hielten ihre Schwänze beim Laufen hoch.

Gefahr für die Herde
Neben und auf den Fährten der *Apatosaurus*-Herde sind die Abdrücke eines Rudels dreizehiger Fleischfresser zu sehen. Die Spuren deuten darauf hin, daß sie die Herde auf feuchtem Boden verfolgt haben.

Die Schrittlänge
Anhand des Abstands zwischen den einzelnen Abdrücken und ihrer Tiefe können Wissenschaftler ausrechnen, wie schnell sich ein Tier fortbewegt hat. Mittelgroße Fleischfresser erreichten Geschwindigkeiten von etwa 16 Kilometern pro Stunde, während Pflanzenfresser nur etwa 6 Kilometer pro Stunde schafften.

Familienausflug
Am Peace River sind viele Abdrücke von Tieren gefunden worden, die den Hadrosauriern ähnelten *(siehe Seite 42)*. Die großen Fährten sind zuerst entstanden, die kleineren danach. Vielleicht hat hier ein Familienausflug stattgefunden, bei dem die Jungtiere der Herde gefolgt sind. Am selben Ort wurden auch Fährten von Fleischfressern gefunden.

Fleischfresser

Ein Einzelgänger
Fährten von *Tyrannosaurus* sind in verschiedenen Gegenden gefunden worden. Im Gegensatz zu kleineren Fleischfressern sind es immer nur Spuren von einem oder zwei Tieren. *Tyrannosaurus* ging also allein oder paarweise auf die Jagd.

23

DIE GRÖSSTEN VON ALLEN

Die Sauropoden waren die größten Tiere, die je auf dem Land lebten. Sauropoden gab es fast während des ganzen Zeitalters der Dinosaurier — von vor 200 Millionen Jahren bis zu ihrem Aussterben vor 65 Millionen Jahren. Allerdings waren all diese riesigen Lebewesen langsame Pflanzenfresser mit winzigen Gehirnen. Sie hatten tonnenförmige Körper, lange Hälse und Schwänze und liefen auf allen vieren. Einer der größten bisher entdeckten Dinosaurier ist *Brachiosaurus*, der ungefähr 77 Tonnen gewogen haben muß. Aber auch er ist wahrscheinlich nicht das größte aller Tiere, die es je gab. Den Rekord hält immer noch der heute lebende Blauwal. Blauwale können über 30 Meter lang werden und wiegen fast 200 Tonnen; allerdings leben sie im Wasser.

Dinosaurier in der Stadt!
Um eine Vorstellung von der Größe der Dinosaurier zu vermitteln, sind hier drei der größten Sauropoden vor mehrstöckigen Häusern in einer Stadt abgebildet. Früher wurde angenommen, diese Tiere hätten in Flüssen oder Sümpfen gelebt, aber heute sind die Experten der Ansicht, daß die Sauropoden Landtiere waren.

Diplodocus

Der längste Dinosaurier
Diplodocus ist einer der längsten Dinosaurier, die bisher entdeckt wurden. Sein Hals war 8 Meter, sein Körper 5 Meter und sein Schwanz sogar 14 Meter lang. Trotzdem wog er nur ungefähr 10 Tonnen. Mit seinen schwachen Zähnen konnte er zwar Blätter von Bäumen abstreifen, sie aber nicht kauen. Wie andere Sauropoden könnte auch *Diplodocus* einen Muskelmagen gehabt haben — ein Organ, das die pflanzliche Nahrung besonders gründlich zerkleinerte.

Die „Donner-Echse"
Die Geschichte von *Apatosaurus* ist etwas verworren. Die Fossilien, die man von ihm fand, waren mit Knochen des Sauropoden *Camarasaurus* vermischt. Bevor man dies erkannte, trug *Apatosaurus* den Namen *Brontosaurus* („Donner-Echse"). Er war 21 Meter lang und wog etwa 30 Tonnen.

Der Größte — bisher

Brachiosaurus war der schwerste Dinosaurier und vielleicht sogar länger als *Diplodocus*. Inzwischen sind jedoch Fossilien von zwei weiteren Dinosauriern gefunden worden, die die vorläufigen Namen *„Supersaurus"* und *„Ultrasaurus"* erhielten und wahrscheinlich noch größer waren als *Brachiosaurus*.

Brachiosaurus

Vorteile der gewaltigen Größe

Mit ihrem langen Hals konnten die Sauropoden Blätter von Bäumen abfressen, die für andere Tiere unerreichbar waren. Außerdem überlegten es sich die Fleischfresser bestimmt zweimal, bevor sie es wagten, solch ein riesiges Tier anzugreifen.

Apatosaurus

25

DIE KLEINSTEN DINOSAURIER

Saltopus

Dinosaurier gab es nicht nur in sehr vielfältigen Formen, sondern auch in allen Größen. Neben Riesen von den Ausmaßen eines Wohnhauses lebten winzige Dinosaurier, die kaum die Größe eines Huhns erreichten. Warum waren sie so klein? Vermutlich aus denselben Gründen, aus denen auch heute viele Tiere klein sind. Kleine Tiere können sich besser vor ihren Feinden verstekken, zum Beispiel im Unterholz oder in einer Felsspalte. Außerdem wird ein kleiner Körper in der Morgensonne schneller warm, und das Tier kann schon recht früh auf Nahrungssuche gehen, was natürlich für Reptilien ein entscheidender Vorteil ist.

Es ist gut möglich, daß es irgendwo versteinerte Knochen und Zähne von noch kleineren Dinosauriern gibt; es ist aber sehr schwierig, sie zu finden. Wenn ein kleines Tier stirbt, wird es meistens ganz gefressen, und es bleiben keine Knochen übrig. Selbst wenn es nicht aufgefressen wird, werden die zarten und empfindlichen Knochen bei der Versteinerung leicht zerdrückt und zerbrochen. Außerdem werden kleine Knochen bei Ausgrabungen leichter übersehen als größere — selbst von Experten.

Compsognathus

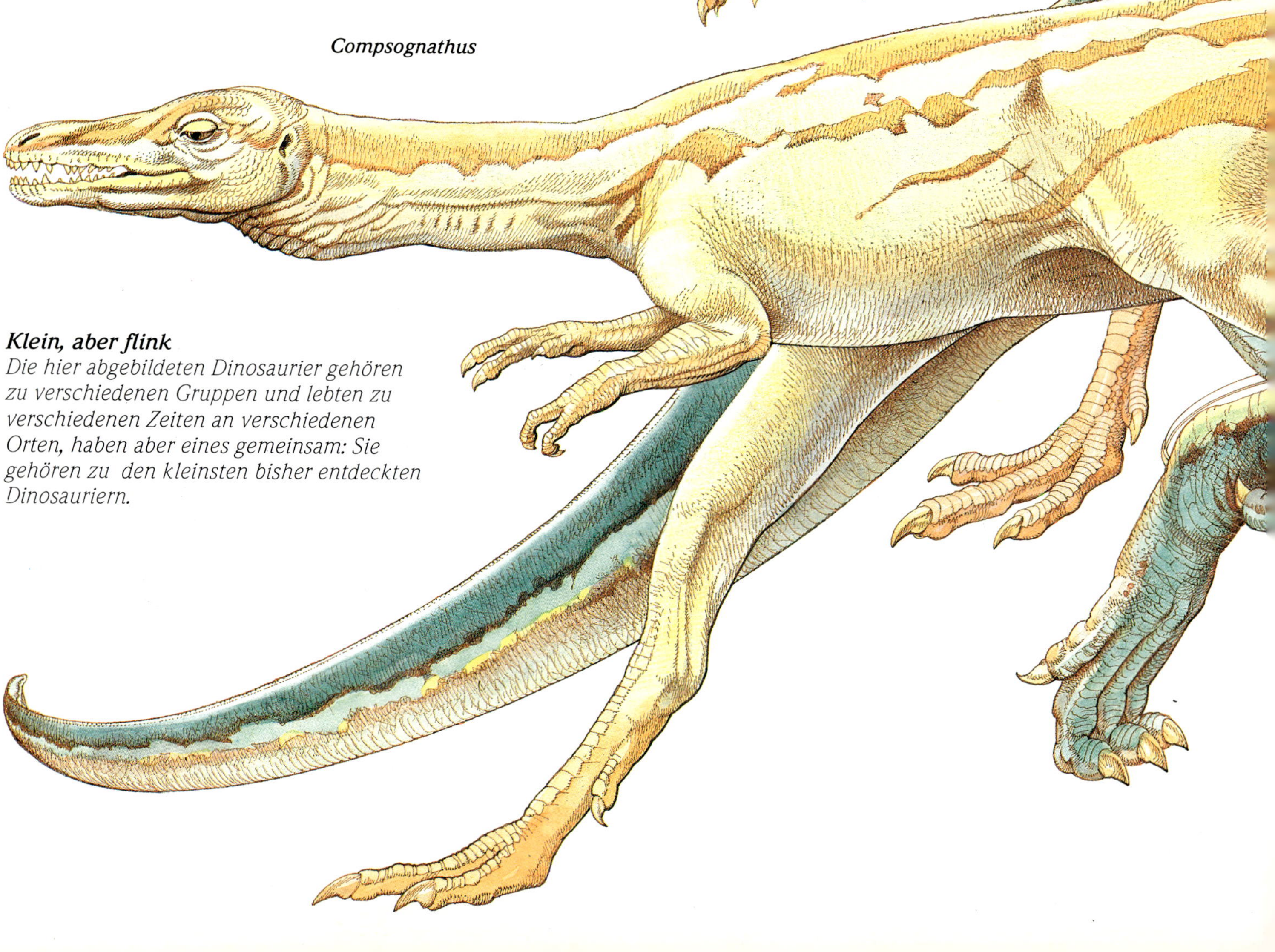

Klein, aber flink
Die hier abgebildeten Dinosaurier gehören zu verschiedenen Gruppen und lebten zu verschiedenen Zeiten an verschiedenen Orten, haben aber eines gemeinsam: Sie gehören zu den kleinsten bisher entdeckten Dinosauriern.

Lesothosaurus

Saltopus („springender Fuß")
Dieses Tier war 60 Zentimeter lang und wog nur ein Kilogramm. Es war schlank und flink und ernährte sich wahrscheinlich von Insekten. *Saltopus* lebte vor 200 Millionen Jahren und war ein mit *Coelophysis* verwandter früher Dinosaurier. Fossilien von ihm sind nur in Schottland gefunden worden.

Compsognathus („hübscher Kiefer")
Dieser vor 145 Millionen Jahren lebende Dinosaurier wurde nur 60 Zentimeter lang und wog 3 Kilogramm. Fossilien von ihm sind in Deutschland und Frankreich gefunden worden. In einem Fall wurden versteinerte Knochen kleiner Echsen dort gefunden, wo der Magen von *Compsognathus* gewesen sein muß. Sie waren wahrscheinlich die Überreste seiner letzten Mahlzeit.

Lesothosaurus („Lesotho-Echse")
Dieser kleine, nur 90 Zentimeter lange Dinosaurier hatte lange, schlanke Beine und einen dünnen Schwanz. Fossilien von ihm sind in Lesotho in Südafrika gefunden worden, wo er vor fast 200 Millionen Jahren lebte. Seine flachen, blattförmigen Zähne und die schnabelartig geformten Kiefer deuten darauf hin, daß er sich von Pflanzen ernährte.

DIE WEALDEN-ZEIT

Einstmals war das Gebiet, das heute den Südosten Englands, den Norden Frankreichs, Belgiens und Norddeutschlands bildet, eine tiefliegende Ebene. Auf dem feuchten Boden wuchsen üppige Sumpfpflanzen, und es gab viele pflanzen- und fleischfressende Tiere. Flüsse trugen aus dem Norden Sand und Schlamm in die Ebene. Im Laufe von Tausenden von Jahren hob und senkte sich der Wasserspiegel häufig, und die Sümpfe verschwanden und entstanden wieder neu. Der angespülte Sand und Schlamm wurde allmählich zu Sandstein und Ton zusammengepreßt. In diesem

Gestein befanden sich die fossilen Überreste der Pflanzen und Tiere aus der Ebene. Erst 120 Millionen Jahre später kam einer der versteinerten Zähne wieder ans Licht der Welt. Er wurde aus einer Kiesgrube in der Nähe von Lewes in Sussex ausgegraben und dem Arzt Gideon Mantell gezeigt. Dieser stellte fest, daß der Zahn denen der heute lebenden Leguane ähnelte, aber viel größer war. Er gab dem unbekannten Tier, von dem der Zahn stammte, den Namen *Iguanodon*. So wurde, im Jahr 1822, das erste Dinosaurierfossil gefunden.

Dinosaurier im Südosten Englands
Das Gestein der Landschaft Wealden ist eine wahre Fundgrube für Fossilsucher. Dr. Mantell, ein eifriger Geologe, machte die erste der vielen Entdeckungen, die uns diese Rekonstruktion einer Szene aus der Vergangenheit ermöglichen.

Schildkröten

Baryonyx

Hypsilophodon

Die Entdeckung von „Klaue"
1982 entdeckte der Amateurforscher William Walker in einem Steinbruch in Surrey, England, eine riesige versteinerte Klaue. Bald darauf wurden weitere Knochen von diesem Dinosaurier gefunden. Dieser Dinosaurier, der den Spitznamen „Klaue" erhielt, bekam zu Ehren seines Entdeckers den wissenschaftlichen Namen *Baryonyx walkeri*

(„Walkers schwere Klaue"). *Baryonyx* war ein großer Theropode, ein Fleischfresser, der vor 124 Millionen Jahren lebte. Er ist der einzige Theropode aus dieser Zeit, von dem ein fast vollständiges Skelett gefunden wurde. Die berühmte Klaue ist an der Außenkante 31 Zentimeter lang, aber es konnte noch nicht geklärt werden, ob sie von einer Hand oder einem Fuß stammt.

Flucht vor der Gefahr
Der nur 2 Meter große Pflanzenfresser *Hypsilophodon* hatte keine Möglichkeit, sich gegen Fleischfresser zu verteidigen. Sein Körperbau deutet darauf hin, daß er bei Gefahr einfach fortrannte, wobei er seinen Körper mit dem langen steifen Schwanz im Gleichgewicht hielt.

Bewohner der Ebene
Durch die tiefliegende Wealden-Ebene zogen große *Iguanodon*-Herden und weideten die weichen Pflanzen ab. Viele Skelette und auch Fußspuren sind von ihnen gefunden worden. (*Mehr über* Iguanodon *auf den Seiten 4 7.*)

Nahrung für alle
Die Dinosaurier der Wealden-Zeit ernährten sich hauptsächlich von niedrigen Moosen, Lebermoosen, Nadelbäumen, Farnpalmen und Riesenfarnen, die bis zu 18 Meter hoch wurden.

Letzte Auftritte
Ungefähr um diese Zeit scheint der große Fleischfresser *Megalosaurus* ausgestorben zu sein. Er war der erste Dinosaurier, der von einem Wissenschaftler (1824 von William Buckland) beschrieben wurde. *Megalosaurus* war ein Fleischfresser, der auf zwei Beinen lief.

Iguanodon

Megalosaurus

Krokodile

Polacanthus

Panzer und Stacheln
Polacanthus, ein Ankylosaurier *(siehe Seite 38)* war 4 Meter lang und hatte eine gepanzerte Haut mit schützenden Stacheln. Der Schädel dieses Tieres ist nie entdeckt worden, und auch über die Stellung der Stacheln auf dem Rücken können nur Vermutungen angestellt werden.

29

FLIEGENDE REPTILIEN

Dinosaurier konnten nicht fliegen, aber mit ihnen verwandte Reptilien, die Pterosaurier oder Flugsaurier, beherrschten die Luft fast ebenso lange wie die Dinosaurier das Land. Sie waren aber nicht die ersten fliegenden Lebewesen. Schon seit Millionen von Jahren gab es fliegende Insekten, wie zum Beispiel die Riesenlibellen. Aber Pterosaurier waren wesentlich größer als Insekten. Einer von ihnen, *Quetzalcoatlus*, war sogar das größte fliegende Lebewesen, das es je gab. Er hatte eine Flügelspannweite von 15 Metern.

Die Pterosaurier werden in zwei Hauptgruppen aufgeteilt. Zur ersten Gruppe, den Rhamphorhynchiden, gehörten lange Reptilien mit Zähnen und einem Schwanz, die sich vor 200 Millionen Jahren entwickelten. Die andere Gruppe, die Pterodactyliden, entstand vor 150 Millionen Jahren und blieb bis zum Aussterben der Dinosaurier vor 65 Millionen Jahren bestehen. Diese Reptilien hatten keine Zähne und keine Schwänze, trugen aber einen Knochenkamm auf dem Kopf.

Gleiter oder wirkliche Flieger?
Als die ersten versteinerten Knochen von Pterosauriern gefunden wurden, waren viele Menschen der Ansicht, diese Tiere hätten wie die Pinguine im Meer gelebt. Dann vermuteten die Wissenschaftler, die Pterosaurier wären Gleiter gewesen, die von Felsen absprangen und sich wie die Segelflieger von Aufwinden tragen ließen. Heute wird vermutet, daß einige Pterosaurier wirklich gezielt fliegen konnten.

Rhamphorhynchus

Wie groß war das Gehirn?
Versteinerte Schädelknochen zeigen, daß Pterosaurier große Augen und große Gehirne hatten. Der Teil des Gehirns, der für die Muskelbewegungen zuständig war, war besonders groß, wahrscheinlich um das Zusammenspiel der zum Fliegen benötigten Muskeln genau steuern zu können.

Wovon lebten sie?
Die Schnäbel mancher Pterosaurier waren zum Aufschöpfen oder Herausseien kleiner Tiere aus dem Wasser geeignet. *Pteranodon* („geflügelt und zahnlos") hatte keine Zähne. Er fing vielleicht, ähnlich wie manche der heutigen Seevögel, an der Meeresoberfläche schwimmenden Fische.

Fell oder Schuppen?
Um aktiv fliegen zu können, braucht ein Tier viel Energie, was darauf hindeutet, daß einige Pterosaurier Warmblüter gewesen sein könnten. Außerdem wurden Überreste von Haaren bei einigen Fossilien gefunden, was auch für die Warmblütigkeit spricht *(siehe Seite 54-55).*

Der Schwanz als Steuerruder?
Rhamphorhynchiden hatten einen langen Schwanz mit einer rautenförmigen Spitze, den sie wahrscheinlich als Steuerruder benutzten. Vielleicht hatte der lange Knochenkamm auf dem Kopf von *Pteranodon* dieselbe Aufgabe; er könnte aber auch dazu gedient haben, männliche und weibliche Tiere voneinander zu unterscheiden.

30

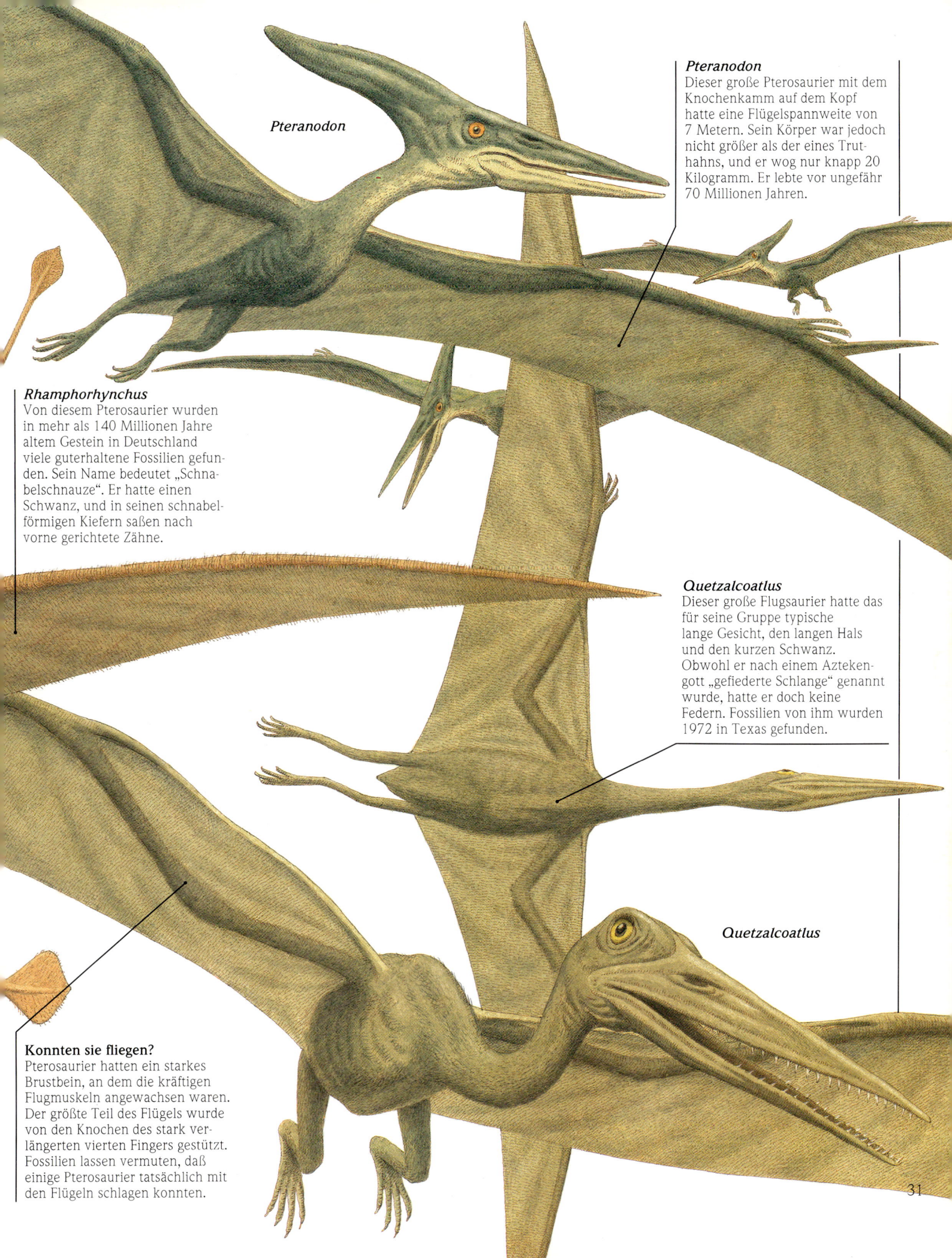

Pteranodon

Pteranodon

Dieser große Pterosaurier mit dem Knochenkamm auf dem Kopf hatte eine Flügelspannweite von 7 Metern. Sein Körper war jedoch nicht größer als der eines Truthahns, und er wog nur knapp 20 Kilogramm. Er lebte vor ungefähr 70 Millionen Jahren.

Rhamphorhynchus

Von diesem Pterosaurier wurden in mehr als 140 Millionen Jahre altem Gestein in Deutschland viele guterhaltene Fossilien gefunden. Sein Name bedeutet „Schnabelschnauze". Er hatte einen Schwanz, und in seinen schnabelförmigen Kiefern saßen nach vorne gerichtete Zähne.

Quetzalcoatlus

Dieser große Flugsaurier hatte das für seine Gruppe typische lange Gesicht, den langen Hals und den kurzen Schwanz. Obwohl er nach einem Aztekengott „gefiederte Schlange" genannt wurde, hatte er doch keine Federn. Fossilien von ihm wurden 1972 in Texas gefunden.

Quetzalcoatlus

Konnten sie fliegen?

Pterosaurier hatten ein starkes Brustbein, an dem die kräftigen Flugmuskeln angewachsen waren. Der größte Teil des Flügels wurde von den Knochen des stark verlängerten vierten Fingers gestützt. Fossilien lassen vermuten, daß einige Pterosaurier tatsächlich mit den Flügeln schlagen konnten.

31

MEERESREPTILIEN

Manche Dinosaurier durchwateten Sümpfe, und einige schwammen vielleicht sogar gelegentlich in Flüssen oder Seen, aber soweit bis heute bekannt ist, gab es keine Dinosaurier, die im Meer lebten. Gleichzeitig mit den Dinosauriern gab es aber andere Reptilien, die im Meer lebten. Sie werden in drei Gruppen unterteilt. Die Ichthyosaurier oder Fischsaurier hielten sich ausschließlich im Wasser auf. Sie hatten stromlinienförmige Körper, und ihre Arme und Beine waren zu Flossen umgewandelt. Es gab zahlreiche Ichthyosaurier; sie erschienen vor 220 Millionen Jahren und starben vor 90 Millionen Jahren aus. Die zweite Gruppe der Meeresreptilien, die Plesiosaurier, hatte paddelförmige Gliedmaßen und einen spitzen Schwanz. Auch sie erschienen vor 220 Millionen Jahren und starben mit den Dinosauriern aus. Die gewaltigen Mosasaurier mit ihren scharfen Zähnen und den Krokodilschwänzen gehören in die dritte Gruppe. Sie erschienen erst gegen Ende des Dinosaurier-Zeitalters.

Herrscher der Meere
Die großen Meeresreptilien atmeten Luft, ebenso wie die Dinosaurier. Sie mußten also regelmäßig auftauchen, um zu atmen. In Deutschland gefundene Fossilien von Fischechsen enthielten die Überreste von Fischen und Flugsauriern, die ihnen als Nahrung dienten.

Liopleurodon

Leben an der Oberfläche
Elasmosaurus war ein Plesiosaurier mit einem langen Hals, der etwa die Hälfte der Gesamtlänge von 13 Metern ausmachte. Er hatte einen kleinen Kopf und sehr scharfe Zähne und ernährte sich wahrscheinlich von Fischen, die er mit blitzschnellen Bewegungen seines Halses in oberflächennahem Wasser fing.

Elasmosaurus

Bewohner der Tiefe
Der kurzhalsige Plesiosaurier *Liopleurodon* lebte wahrscheinlich in tieferen Gewässern als seine Verwandten mit den längeren Hälsen. Er ernährte sich von Schildkröten und schalentragenden Tieren. Die größten Exemplare wurden bis zu 12 Meter lang und hatten 10 Zentimeter lange, dolchartige Zähne.

Die „Fisch-Echse"

Durch seine Körperform, die Flossen und den Schwanz war *Ichthyosaurus* dem Leben im Wasser ebenso gut angepaßt wie die heutigen Delphine. Fossilien deuten darauf hin, daß die bis zu 9 Meter langen Tiere in Gruppen auf die Jagd nach Fischen und anderen Meerestieren gingen.

Ichthyosaurus

Eine frühe Schildkröte

Die heutigen Schildkröten unterscheiden sich kaum von ihren Vorfahren, deren 220 Millionen Jahre alte Fossilien in Deutschland und Thailand gefunden wurden. Mit einer Länge von fast 4 Metern war *Archelon* eine der größten frühen Schildkröten. Ihr schnabelförmiger Kiefer deutet darauf hin, daß sie sich von Pflanzen ernährte.

Archelon

Die längste Echse

Mosasaurus, eine Echsenart, wurde bis zu 9 Meter lang und war damit die längste Echse, die es je gab. Sie konnte ihr Maul sehr weit öffnen und so auch größere Beutetiere verschlingen. Es wurden Fossilien von Ammoniten mit Löchern gefunden, die vermutlich von den Zähnen der Mosasaurier stammten.

Mosasaurus

Ammonit

33

HÖRNER UND SCHILDE

Die Horn-Dinosaurier oder Ceratopier waren eine der letzten großen Dinosauriergruppen. Ein früher Vertreter dieser Gruppe war *Protoceratops* („erstes Horn-Gesicht"). Fossilien von ihm wurden in der Wüste Gobi in der Mongolei in über 80 Millionen Jahre altem Gestein gefunden. Der bekannteste Horn-Dinosaurier war *Triceratops* (abgebildet auf Seite 36), der bis zum Ende des Dinosaurier-Zeitalters überlebte.

Ceratopier gehörten zu den Vogelbecken-Dinosauriern und ernährten sich von Pflanzen. Sie konnten anscheinend selbst härteste Pflanzenteile vertilgen, denn sie hatten ausgesprochen kräftige Kiefer- und Schädelknochen. Ihre Mäuler waren wie gekrümmte Schnäbel geformt und dienten wahrscheinlich zum Abreißen von zähen Blättern und Schößlingen. Ihre zahlreichen Zähne waren dünn und scharf und bildeten Schnittflächen in den Kiefern, die wie die einer Schere zusammenwirkten.

Die starken Muskeln, die nötig waren, um diese kraftvollen Kiefer zu bewegen, mußten gut verankert sein. Vielleicht war das der Grund dafür, daß die Nackenschilde entstanden. Auf jeden Fall waren die Halsmuskeln am Nackenschild angewachsen, der das Tier auch vor Feinden schützte. Da die Schädel und Nackenschilde so kräftig waren, wurden viele Fossilien von ihnen in ausgezeichnetem Zustand gefunden.

Verteidigungswaffen
An diesen vier Horn-Dinosauriern aus verschiedenen Zeiten kann man gut sehen, wie die Körper, Nackenschilde und Hörner immer größer wurden. Für einen Angreifer müssen diese Tiere äußerst bedrohlich ausgesehen haben.

Höcker statt Hörner
Einen der ersten Horn-Dinosaurier, *Protoceratops*, zeigt ein Stadium in der Entwicklung dieser Gruppe. Er hatte noch keine Hörner, sondern nur einen kleinen Knochenhöcker auf der Schnauze. Auch sein Nackenschild war kleiner als der der späteren Horn-Dinosaurier. *Protoceratops* war ungefähr 2 Meter lang. Von ihm wurden auch versteinerte Eier und Jungtiere gefunden (siehe Seite 46).

Fenster im Nackenschild
An der Kante des Nackenschildes von *Centrosaurus*, der „stacheligen Echse", saßen viele kurze Stacheln. Zwei längere Stacheln waren schützend nach vorne über mit Haut bedeckte Öffnungen im Nackenschild gebogen. Durch diese „Fenster" war der Nackenschild weniger schwer, als wenn er aus massivem Knochen bestan-

den hätte. Wie *Styracosaurus* gehörte auch *Centrosaurus* zu den Horn-Dinosauriern mit kurzen Nackenschilden, die größtenteils früher lebten als die mit den längeren Nackenschilden. *Centrosaurus* war ungefähr 6 Meter lang und lebte vor 75 bis 80 Millionen Jahren. Hunderte von Fossilien wurden in Kanada gefunden.

Centrosaurus

Protoceratops

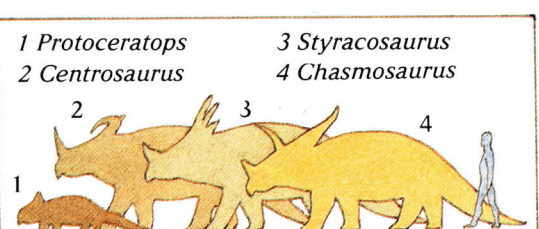

1 Protoceratops	3 Styracosaurus
2 Centrosaurus	4 Chasmosaurus

34

Ein stacheliger Bursche

Die „Dorn-Echse" *Styracosaurus* trug sechs lange Stacheln an der Hinterkante des Nackenschildes sowie einige kürzere an den Seiten und ein Horn auf der Nase. Das Horn diente vermutlich als Waffe gegen Angreifer. Wozu die Stacheln da waren, ist weniger klar. Sie könnten der Abschreckung von Feinden gedient haben, aber auch dem Einschüchtern von Nebenbuhlern während der Paarungszeit. *Styracosaurus* lebte vor 80 Millionen Jahren und wurde ungefähr 5,5 Meter lang. Wie andere Horn-Dinosaurier hatte auch er einen ziemlich kurzen Schwanz: Er lief auf allen vieren und brauchte deshalb keinen langen Schwanz, um das Gleichgewicht zu halten.

Die „Spalt-Echse"

Chasmosaurus war ein ungefähr 5 Meter langer Horn-Dinosaurier mit einem langen Nackenschild, der seinen halben Rücken bedeckte und riesige mit Haut bedeckte „Fenster" hatte, die den Schild wie gespalten erscheinen ließen. *Chasmosaurus* erschien vor ungefähr 80 Millionen Jahren und war einer der letzten Dinosaurier, die ausstarben. Alle *Chasmosaurus*-Fossilien tragen ein Horn auf der Nase, allerdings haben einige von ihnen kurze Augenbrauenhörner, während andere viel längere haben (wie hier abgebildet). Manche Wissenschaftler sind der Ansicht, daß es zwei verschiedene Arten gab. Andere vermuten, daß die Tiere mit den langen Hörnern die Männchen waren und die mit den kurzen die Weibchen.

Styracosaurus

Chasmosaurus

35

VERTEIDIGUNGSWAFFEN

Der bekannteste der Horn-Dinosaurier ist wahrscheinlich *Tricera-tops*. Er hatte drei scharfe Hörner — sein Name bedeutet übrigens auch „dreihörniges Gesicht". Aber wozu brauchten *Triceratops* und seine Verwandten *(abgebildet auf der vorigen Seite)* ihre Hörner? Wie immer beim Studium der Dinosaurier ist es auch hier sinnvoll, Vergleiche mit heute lebenden Tieren anzustellen. Nashörner zum Beispiel haben auch ein scharfes Horn auf der Nase, mit dem sie sich verteidigen können. Ihr Horn dient jedoch hauptsächlich zur Abschreckung. Feinde scheuen schon vor einem Angriff zurück, wenn sie das Horn nur sehen, vor allem wenn das Nashorn es dem Angreifer drohend entgegenschwingt. Es ist natürlich sinnvoller, den Angreifer abzuschrecken, als sich auf einen Kampf einzulassen, bei dem das Tier verletzt oder sogar getötet werden könnte. Wenn es zum Schlimmsten kam, wird *Triceratops* seine Hörner jedoch auch zum Kämpfen verwendet haben, zumal er durch seinen Kopf- und Nackenschild recht gut geschützt war.

Sicherheit in der Herde

Versteinerte Fährten lassen vermuten, daß einige Horn-Dinosaurier wie Triceratops *in Herden lebten. Wenn sich ein Räuber wie* Tyrannosaurus *näherte, drängten sie sich wahrscheinlich eng zusammen und nahmen die Jungtiere dabei in die Mitte, so daß sie durch die kräftigen erwachsenen Tiere geschützt waren.*

Keine leichte Beute

Selbst ein einzelner *Triceratops* wäre nur schwer zu überwältigen gewesen. Viele Fossilien von *Triceratops* wurden in ungefähr 70 Millionen Jahre altem Gestein in Nordamerika gefunden. Sie zeigen, daß er 9 Meter lang war und über 5 Tonnen gewogen hat — er war also groß genug, um sich seiner Haut zu wehren!

Eingekreist!

Eine Herde ausgewachsener *Triceratops*-Exemplare hat einen Feind eingekreist. Selbst Fleischfresser wie *Tyrannosaurus* wären in einer solchen Situation nicht fähig gewesen, sich vor den spitzen Hörnern zu schützen und hätten sich zurückziehen müssen.

Tyrannosaurus

Kraftproben

Außer zum Abwehren von Feinden könnte *Triceratops* sein Horn auch zum Kampf gegen Artgenossen eingesetzt haben. Viele der heutigen horntragenden Tiere, darunter Antilopen, Wildschafe und Rinder, stoßen einander mit den Hörnern oder verhaken sie ineinander und ringen, bis eines der Tiere aufgibt. Bei diesen Schein-kämpfen kommt es sehr selten zu ernsthaften Verletzungen. Sie dienen nur dazu, die Rangordnung in der Herde festzulegen, oder herauszufinden, welches Tier sich mit den Weibchen paaren darf. Es sind versteinerte *Triceratops*-Nackenschilde gefunden worden, die Beschädigungen aufweisen, die von Kämpfen mit Artgenossen stammen könnten.

GEPANZERTE DINOSAURIER

Zu den am besten vor Angreifern geschützten Dinosauriern gehörten die Ankylosaurier (Panzerdinosaurier). Sie erhielten ihren Namen nach *Ankylosaurus* (der in ihrer Gruppe am häufigsten vorkommenden Art). *Ankylosaurus* wurde bis zu 5 Meter lang und wog bis zu 5 Tonnen. Sein Name „versteifte Echse" leitet sich von den Knochenplatten, Buckeln und Dornen ab, die seinen Körper bedeckten und ihn vor räuberischen Fleischfressern schützten. Die Panzerplatten waren kein Teil des Skelettes. Sie entwickelten sich aus der Haut, die sich verhärtete und verdickte. Manche Ankylosaurier hatten sogar zwei Schädeldächer — den normalen Schädelknochen und einen der wie der Helm einer Ritterrüstung darüberlag.

Ankylosaurier gehörten zu den Vogelbecken-Dinosauriern *(siehe Seite 7)*. Sie waren langsam und schwerfällig, hatten kleine Kiefer und schwache Zähne und fraßen wahrscheinlich nur weiche Pflanzen. Im Inneren des Schädels beförderten knöcherne Klappen die Luft von der Nase zum Rachen, so daß die Ankylosaurier gleichzeitig atmen und kauen konnten. Wirbelsäule und Beine waren so kräftig, daß sie das Gewicht des Panzers tragen konnten. Versteinerte Fährten zeigen, daß die Ankylosaurier ihre Beine beim Gehen weit unter den Körper zogen. Die Muskelansatzstellen an den fossilen Knochen lassen vermuten, daß Ankylosaurier sich bei Gefahr flach hinlegten, um ihre ungepanzerte Unterseite zu schützen.

Zwei verschiedene Schwänze

Ankylosaurier werden in zwei Gruppen unterteilt. Nodosauriden wie zum Beispiel Nodosaurus *waren zwar gut gepanzert, hatten aber keinen keulenförmigen Schwanz. Bei Ankylosauriden wie* Euoplocephalus *dagegen war das Schwanzende keulenförmig verdickt.*

Nodosaurus

Geliehener Schädel
Nodosaurus war über 5 Meter lang und wog bis zu 2 Tonnen. Er lebte vor 90 Millionen Jahren auf dem Gebiet der heutigen Vereinigten Staaten. Fossilien seines Körpers wurden gefunden, jedoch kein Schädel. Deshalb benutzen die Wissenschaftler den Schädel des mit ihm verwandten *Panoplosaurus*.

Knoten-Echse
Der Name *Nodosaurus* bedeutet „Knoten-Echse". Sein Panzer bestand aus Reihen von Knochenhöckern, bei denen kleine mit großen Höckern abwechselten. Er war dadurch gut geschützt, aber auch in seiner Beweglichkeit nicht eingeschränkt.

Verhalten bei Gefahr
Die Gelenke und die Muskelansatzstellen an den Knochen von *Nodosaurus* lassen vermuten, daß er sich bei Gefahr flach auf den Bauch legte und dem Angreifer die gepanzerte Oberseite zuwandte. Sein großes Körpergewicht machte es seinen Feinden fast unmöglich, ihn herumzudrehen.

Lange, kräftige Beine
Diee Hinterbeine von *Nodosaurus* waren länger als die Vorderbeine, was seine tiefe Kopfhaltung erklärt. Die langen Hinterbeine lassen erkennen, wie sich die Ankylosaurier aus den frühen Vogelbecken-Dinosauriern, die auf den Hinterbeinen liefen, weiterentwickelt haben.

Freundliches Schwanzwedeln?
Euoplocephalus hatte einen
außergewöhnlich starken
Schwanz, dessen Mittelteil unge-
panzert und sehr beweglich war,
so daß er ihn hin und her schwingen konnte. Dieser Dinosaurier, der vor ungefähr 75 Millionen Jahren lebte, wog etwa 2,5
Tonnen und wurde 7 Meter lang.

Eine wirksame Waffe
Die schwere Keule am Schwanzende von *Euoplocephalus* bestand
aus zwei Knochenstücken, die mit
den letzten Schwanzwirbeln verbunden waren. Um seine Feinde
auf Distanz zu halten, brauchte
Euoplocephalus nur seinen
Schwanz mit der gefährlichen
Keule hin und her zu schwingen.

Starke Beckenknochen
Um das Gewicht des Panzers tragen zu können, hatte *Euoplocephalus* äußerst kräftige Beckenknochen. An großen, von den letzten Rippen ausgehenden Platten
waren die Bein- und Schwanz-
muskeln verankert. Die letzten
Rückenwirbel waren miteinander
verwachsen und sorgten für
zusätzliche Tragkraft.

Vollständiger Schutz
Der Rücken von *Euoplocephalus*
war durch Knochenhöcker und
-stacheln geschützt, die in die
lederartige Haut eingebettet
waren. Der Kopf war mit einem
„Helm" aus harten Platten
bedeckt, und selbst die Augenlider
hatten knöcherne Schutzschilde.
Euoplocephalus bedeutet über
setzt „gepanzerter Kopf".

Euoplocephalus

STEGOSAURUS

Als die ersten Fossilien von *Stegosaurus* gefunden worden waren, dachten die Wissenschaftler, daß die großen Knochenplatten flach auf seinem Rücken gelegen hätten, ähnlich wie Dachschindeln. (*Stegosaurus* bedeutet etwa „überdachte Echse".) Als nächstes wurde vermutet, daß die Platten aufrecht in einer Reihe gestanden haben könnten — oder vielleicht in zwei nebeneinander verlaufenden Reihen. Inzwischen ist jedoch ziemlich sicher, daß die Plattenreihen nicht genau nebeneinander verliefen, sondern etwas seitlich gegeneinander versetzt. Eine Zeitlang war man auch der Ansicht, *Stegosaurus* hätte zwei Gehirne besessen, ein kleines in seinem Schädel und ein wesentlich größeres am Schwanzansatz. Das stimmt jedoch nicht. Die Nervenbahnen in den Schwanzknochen sind zwar dicker als normal, sie dienten aber vermutlich nur als eine Art „Schaltstelle" für die Bewegungen der Hinterbeine und des Schwanzes.

Langsam und schwerfällig
Mit einer Länge von 7 Metern und einem Gewicht von 1,5 Tonnen war Stegosaurus, *der vor 150 Millionen Jahren lebte, höchstwahrscheinlich ausgesprochen langsam und schwerfällig.*

Ein winziges Gehirn
Stegosaurus hatte wahrscheinlich von allen Dinosauriern das kleinste Gehirn. Es war nicht einmal 5 Zentimeter lang und hatte etwa die Größe einer Walnuß. Die Wissenschaftler haben auch heute noch keine Erklärung dafür, wie diese Tiere mit den winzigen Gehirnen und den gewaltigen Körpern es geschafft haben, über 10 Millionen Jahre zu überleben. Vielleicht war *Stegosaurus* wirklich dumm, aber zu seiner Zeit war vermutlich keine besondere Intelligenz nötig, um zu überleben. Auf jeden Fall war sein Gehirn für seine Bedürfnisse offensichtlich groß genug.

Gerade oder gebogen?
Die Vorderbeine von *Stegosaurus* waren ziemlich kurz, so daß sich sein Kopf dicht über dem Boden befand, was ihm das Grasen erleichterte. Ob die Beine jedoch gerade oder gebogen waren, ist noch nicht bekannt.

40

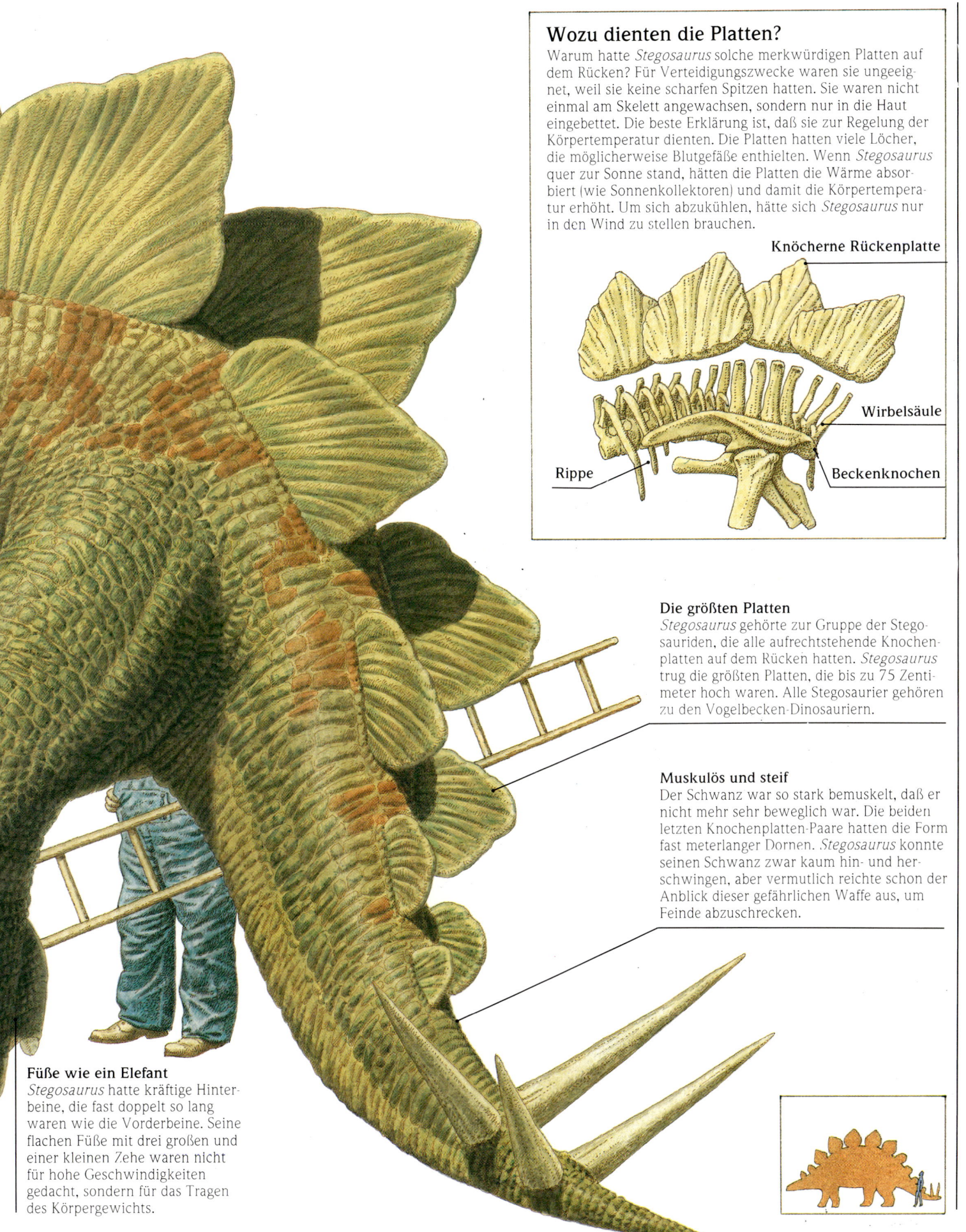

Wozu dienten die Platten?

Warum hatte *Stegosaurus* solche merkwürdigen Platten auf dem Rücken? Für Verteidigungszwecke waren sie ungeeignet, weil sie keine scharfen Spitzen hatten. Sie waren nicht einmal am Skelett angewachsen, sondern nur in die Haut eingebettet. Die beste Erklärung ist, daß sie zur Regelung der Körpertemperatur dienten. Die Platten hatten viele Löcher, die möglicherweise Blutgefäße enthielten. Wenn *Stegosaurus* quer zur Sonne stand, hätten die Platten die Wärme absorbiert (wie Sonnenkollektoren) und damit die Körpertemperatur erhöht. Um sich abzukühlen, hätte sich *Stegosaurus* nur in den Wind zu stellen brauchen.

Knöcherne Rückenplatte

Wirbelsäule

Rippe

Beckenknochen

Die größten Platten

Stegosaurus gehörte zur Gruppe der Stegosauriden, die alle aufrechtstehende Knochenplatten auf dem Rücken hatten. *Stegosaurus* trug die größten Platten, die bis zu 75 Zentimeter hoch waren. Alle Stegosaurier gehören zu den Vogelbecken-Dinosauriern.

Muskulös und steif

Der Schwanz war so stark bemuskelt, daß er nicht mehr sehr beweglich war. Die beiden letzten Knochenplatten-Paare hatten die Form fast meterlanger Dornen. *Stegosaurus* konnte seinen Schwanz zwar kaum hin- und herschwingen, aber vermutlich reichte schon der Anblick dieser gefährlichen Waffe aus, um Feinde abzuschrecken.

Füße wie ein Elefant

Stegosaurus hatte kräftige Hinterbeine, die fast doppelt so lang waren wie die Vorderbeine. Seine flachen Füße mit drei großen und einer kleinen Zehe waren nicht für hohe Geschwindigkeiten gedacht, sondern für das Tragen des Körpergewichts.

KOMISCHE KÖPFE

Die ersten vier der unten abgebildeten Dinosaurier sind Hadrosaurier, die durch ihre merkwürdig geformten Köpfe besonders bekannt wurden. Die Höcker, Kämme, Hörner und Helme bestehen aus dünnen Knochen; sie sind fast alle hohl und mit den Atemwegen verbunden. Es gibt mehrere Vermutungen, welchen Zweck sie wohl erfüllt haben mögen. Dienten sie beim Schwimmen oder Durchwaten von Wasser als Schnorchel? Wahrscheinlich nicht, da keinerlei Öffnungen in ihnen gefunden wurden. Oder waren es vielleicht Luftspeicher, die den Dinosaurier beim Schwimmen unter Wasser mit Atemluft versorgten? Diese Möglichkeit scheidet wahrscheinlich

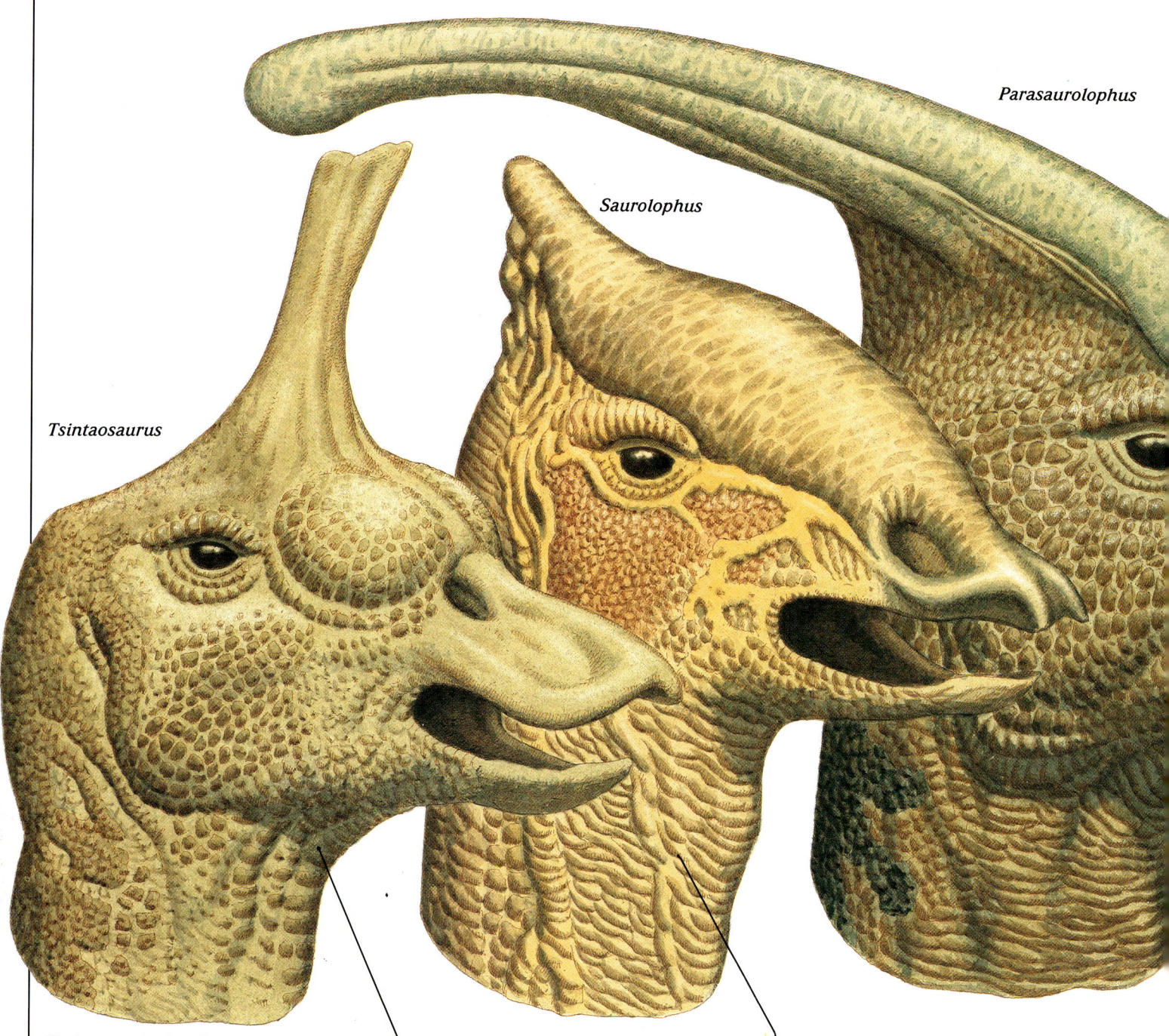

Parasaurolophus

Saurolophus

Tsintaosaurus

Hadrosaurierköpfe
Hadrosaurier waren Verwandte von Iguanodon, *die auf den Hinterbeinen liefen und sich von Pflanzen ernährten. Sie erreichten Längen von 7 bis 10 Metern und lebten vor etwa 70 Millionen Jahren. Trotz ihrer verschiedenartig geformten Köpfe hatten sie alle den gleichen Körperbau.*

Dinosaurier-Einhorn
Tsintaosaurus aus China hatte ein Horn aus hohlen Knochen auf der Stirn (er ist der einzige Hadrosaurier, bei dem das Horn nach vorne zeigt). Das Studium der Fossilien läßt die Vermutung zu, daß über seiner Nase eine ballonähnliche Hautfalte saß. Sie könnte, mit Luft gefüllt, zum Geben von „Flaggensignalen" oder als Schallverstärker gedient haben.

Die „Kamm-Echse"
Der Knochenkamm von *Saurolophus* war im Gegensatz zu dem anderer Hadrosaurier nicht hohl. Allerdings hatte dieser Hadrosaurier ebenso große Augen wie seine Verwandten. Außerdem wurden bei einigen Hadrosauriern versteinerte Gehörknochen gefunden, was die Vermutung bestätigt, daß die Knochenkämme außer zur Verständigung auch zum Verstärken der Lautäußerungen dienten.

auch aus, weil die Hohlräume viel zu klein waren, um diese großen Tiere mit ausreichend Atemluft zu versorgen. Es können natürlich auch komplizierte Riechorgane gewesen sein oder Schutzschilde, die es den Tieren ermöglichten, durch dichtes Unterholz zu fliehen. Diese Vermutung bietet jedoch keinerlei Erklärung für die Vielfalt an Formen und Größen. Es kann auch sein, daß sich die Tiere mit Hilfe

dieser verschiedenartigen Kopfformen miteinander verständigten. Vielleicht waren sie bunt gefärbt, und bestimmte Kopfbewegungen bedeuteten „Verschwinde hier" oder „Ich tue dir nichts". Eine andere Möglichkeit ist, daß die hohlen Knochenkämme zum Verstärken der Schallschwingungen dienten, daß sie also die Rufe der Dinosaurier lauter machten.

Corythosaurus

Pachycephalosaurus

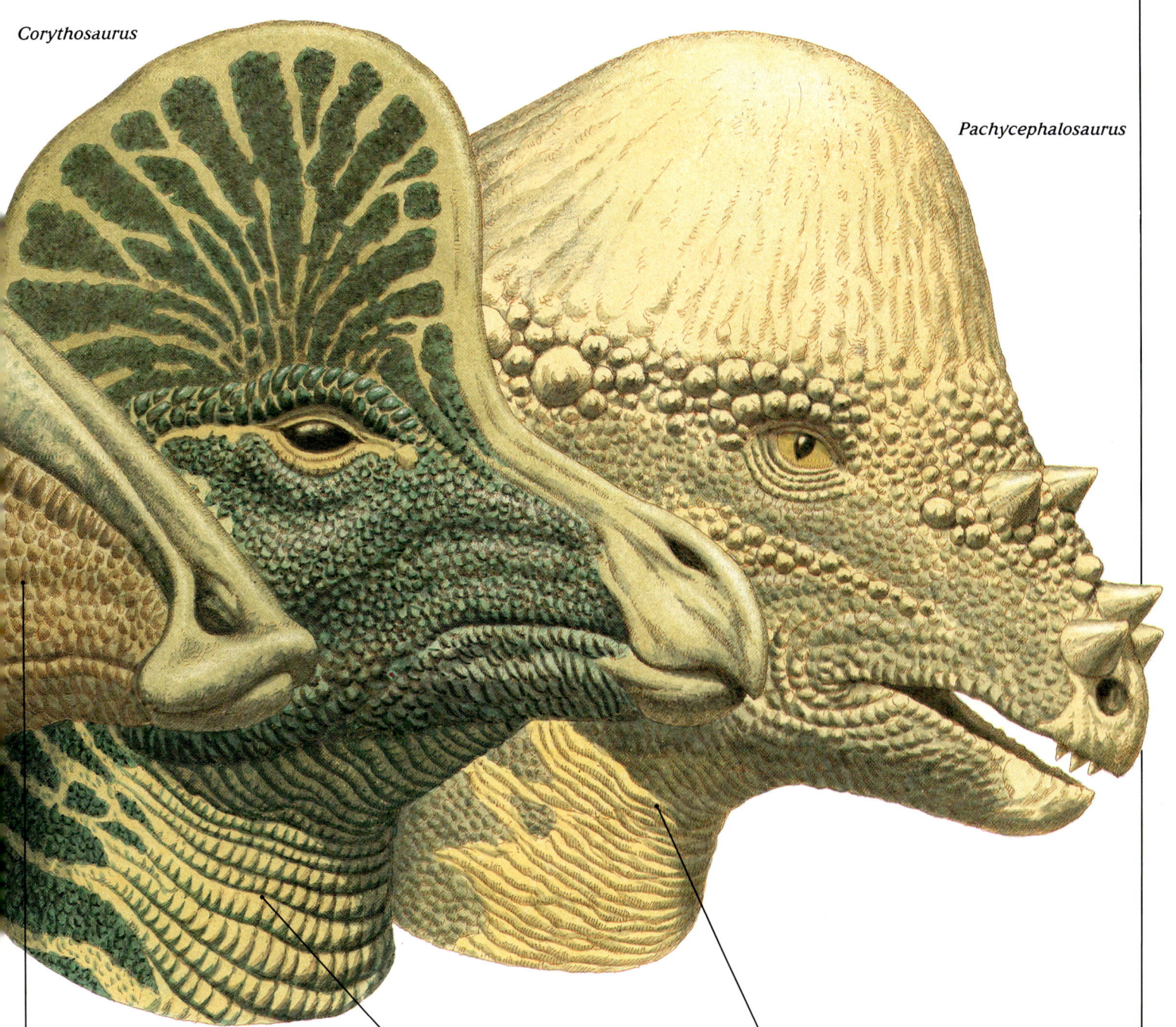

Ein stromlinienförmiges Horn
Parasaurolophus hatte ein langes, dünnes, nach hinten gerichtetes Horn, das genau in eine Aussparung der Wirbelsäule zwischen den Schulterblättern paßte. Bei manchen Tieren war das Horn 1,75 Meter lang — es hatte die Größe eines erwachsenen Menschen! Möglicherweise diente es dazu, Zweige wegzuschieben, wenn sich das Tier durch das Unterholz bewegte.

Mit gesenktem Kopf
Der helmförmige Knochenkamm von *Cory-thosaurus* ähnelt dem des Kasuars. Kasuare sind Vögel, die nicht fliegen können. Sie leben in den Wäldern von Neuguinea und Australien und benutzen ihre Köpfe wie einen Keil, mit dem sie sich einen Pfad durch dichtes Unterholz bahnen. Vielleicht benutzte *Corythosaurus* seinen Knochenkamm für denselben Zweck.

Der Kopf als Ramme
Obwohl *Pachycephalosaurus* einen merkwürdig geformten Kopf hatte, war er kein Hadrosaurier. Er gehörte zu einer anderen Gruppe, den Helm-Dinosauriern. Die Oberseite seines Schädels war über 25 Zentimeter dick. Vielleicht rammten diese Dinosaurier zur Paarungszeit die Köpfe gegeneinander, wie es manche der heutigen Schafe und Ziegen tun.

43

WAS VERRÄT DER SCHÄDEL?

Aus einem versteinerten Schädel lassen sich viele Schlüsse auf das Tier ziehen, von dem er stammt. Viele wichtige Merkmale finden sich im Kopf eines Tieres — Augen, Ohren und Nase zur Wahrnehmung der Umgebung; Kiefer, Zähne und Zunge zum Aufnehmen von Nahrung; das Gehirn zum Kontrollieren der Körperfunktionen; Mund und Nase zum Atmen; Stacheln oder Panzer zur Verteidigung, und so weiter.

Alle Dinosaurierschädel haben den gleichen Grundbauplan, mit Höhlen für die Augen, einem innenliegenden Hohlraum für das Gehirn, Gängen und Löchern für die Nerven und Blutgefäße

und bestimmte Stellen, an denen die Muskeln für die Kiefer, die Zunge und das Gesicht angewachsen waren. Der Vergleich mit den Schädeln anderer Dinosaurier, aber auch mit denen heute lebender Reptilien und anderer Tiere macht es möglich, Vermutungen über das Aussehen des Tieres anzustellen, dem der Schädel einst gehörte. Hier abgebildet sind zwei sehr verschiedene Dinosaurierschädel. *Edmontosaurus* wurde bei Alberta in Kanada gefunden (seine Hadrosaurier-Verwandten sind auf Seite 42 abgebildet). Fossilien des Carnosauriers (Raubsauriers) *Allosaurus* stammen aus den Vereinigten Staaten.

Blätter zum Frühstück
Edmontosaurus war der größte der „Entenschnabel-Dinosaurier". Mit einer Länge von fast 5 Metern und einem Gewicht von 3 Tonnen war er vermutlich ziemlich langsam und wehrlos.

Die Form des Gehirns
Bei manchen Fossilien von *Edmontosaurus* ist Schlamm in den Schädel eingedrungen und dort versteinert. Dadurch erhielten die Wissenschaftler einen Abdruck des Gehirns. Die Abschnitte des Gehirns, die für das Sehen, Hören und Riechen zuständig sind, sind gut entwickelt, was auf gut funktionierende Sinnesorgane hindeutet.

Gutes Sehvermögen
Die große Augenhöhle läßt den Schluß zu, daß die Augen von *Edmontosaurus* etwa 10 Zentimeter Durchmesser hatten. Die große Öffnung für den Sehnerv (der von den Augen zum Gehirn führt) ist ein weiterer Beweis für das gute Sehvermögen von *Edmontosaurus*.

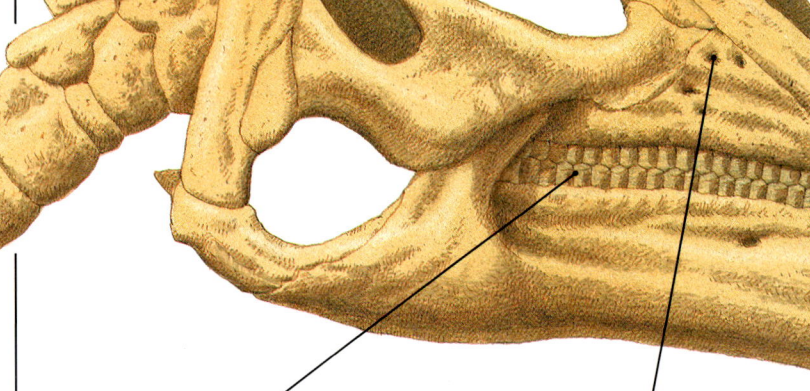

Zähne und Backentaschen
Der versteinerte Mageninhalt einiger Hadrosaurier zeigt, daß sie sich von zähem, holzigem Pflanzenmaterial wie Zweigen und Tannennadeln ernährten. *Edmontosaurus* hatte tausend Zähne, die in großen Kaupolstern im hinteren Teil der Maulhöhle saßen. Hohlräume ober- und unterhalb der Zähne lassen vermuten, daß er starke Backentaschen besessen haben muß.

Ein weinender Dinosaurier?
Manche Pflanzen enthalten viel Salz. Viele der heutigen Reptilien und Vögel haben „Salzdrüsen" in der Nähe der Augen, die überschüssiges Salz durch die Tränenflüssigkeit ausscheiden. In den Knochen vor den Augen von *Edmontosaurus* gibt es Vertiefungen, in denen Salzdrüsen gesessen haben könnten.

Eine „Signalflagge"
Die Form der Schnauzenspitze läßt den Schluß zu, daß *Edmontosaurus* auf der Nase eine lose Hautfalte hatte, die er wie einen Ballon aufblasen konnte. Falls er eine bunt gefärbte Haut hatte, könnte diese Hautfalte zur Verständigung mit Artgenossen gedient haben.

Vor 150 Millionen Jahren machte der schreckliche Fleischfresser Allosaurus *Jagd auf Beutetiere wie* Edmontosaurus. *Im Vergleich zu seinem etwa 12 Meter langen Körper war der fast einen Meter lange Kopf geradezu riesig.*

Jäger mit guten Augen
Die Augen von *Allosaurus* waren fast doppelt so groß wie die des wesentlich größeren Fleischfressers *Tyrannosaurus*. Oberhalb der Augen befindet sich ein Wulst, der möglicherweise dazu diente, die Augen vor der Sonne zu schützen.

Gefährliche Zähne
Allosaurus hatte ungefähr 40 Zähne im Oberkiefer und 32 im Unterkiefer. Sie waren bis zu 10 Zentimeter lang und an zwei Seiten sägeförmig gezackt, wie ein Messer zum Zerschneiden von Fleisch. Die Zähne waren nach hinten gerichtet und verhinderten, daß ein einmal gepacktes Beutetier entwischte. Wenn Zähne abgenutzt oder abgebrochen waren, wuchsen neue nach.

Große Öffnung
Normalerweise sind die einzelnen Schädelknochen (mit Ausnahme der Kieferknochen) fest miteinander verwachsen. Bei *Allosaurus* waren jedoch manche Schädelknochen nicht miteinander verbunden. Deshalb konnte dieser Jäger sein Maul besonders weit öffnen und riesige Fleischstücke verschlingen.

45

MÜTTER UND KINDER

Ihren großen Erfolg verdankten die Dinosaurier zum Teil der Tatsache, daß sie — wie alle Reptilien — Eier mit einer harten Schale legten. Die vor ihnen lebenden Amphibien konnten zwar auf dem Land leben, mußten aber in Flüsse und Teiche zurückkehren, um ihre gallertumhüllten Eier zu legen, aus denen dann Kaulquappen ausschlüpften (ebenso wie bei den heutigen Amphibien). Die Eier von Reptilien dagegen haben eine feste, wasserdichte Schale. Die in ihnen liegenden Jungen haben ihren eigenen „Teich", in dem sie wachsen und sich entwickeln. Eier mit einer Schale bedeuteten für die Dinosaurier, daß sie während ihres gesamten Lebens an Land bleiben konnten. Außerdem hat die Schale einen weiteren „Vorteil" — sie ist hart genug, um zu versteinern. Seit 1978 wurden einige interessante Entdeckungen gemacht. In Montana, USA, wurden Fossilien von Eierschalen, ganz jungen Dinosauriern und Nestern gefunden, die zu einem hadrosaurier-ähnlichen Tier gehörten, das den Namen *Maiasaura* erhielt, was „gute Mutter-Echse" bedeutet. Dieser Fund gibt einigen Aufschluß nicht nur über die Form des Nestes und das Aussehen der Jungen, sondern auch ganz allgemein über das Leben der Dinosaurier.

Ein Dinosaurier wird geboren
Eine Maiasaura*-Mutter vor 80 Millionen Jahren sieht zu, wie ihre Jungen in einem warmen Sandnest ausschlüpfen. Jedes der birnenförmigen Eier ist etwa 20 Zentimeter lang, und das daraus ausschlüpfende Junge mißt etwa 35 Zentimeter.*

Das Nest
Zu den in Montana gemachten Funden gehörten die Fossilien von 15 *Maiasaura*-Jungen innerhalb und in der Nähe einer Vertiefung von ungefähr 2 Meter Durchmesser. Wahrscheinlich häufte die Mutter mit ihren Füßen Sand auf und grub dann eine Mulde, in die sie ihre Eier ablegte.

Die Dinosaurier-Kinderstube
Es wurden mehrere Nester gefunden, die etwa 7 Meter auseinander lagen; das entspricht genau der Länge einer ausgewachsenen *Maiasaura*. Vermutlich brüteten diese Dinosaurier also in Kolonien. Auf diese Weise wäre sichergestellt gewesen, daß immer ein oder zwei erwachsene Tiere zur Stelle waren, um die Gelege zu beschützen.

Eine große Familie
In jedem Nest lagen mindestens 20 Eier, die zum Teil mit Sand bedeckt waren. Vielleicht gruben die Eltern je nach dem Sonnenstand die Eier ein oder aus, so daß die Temperatur im Nest immer ungefähr gleich blieb.

Nesthocker

Wissenschaftler sind der Ansicht, daß die Jungtiere nach dem Ausschlüpfen noch eine ganze Weile im Nest oder in seiner Nähe blieben. In der näheren Umgebung des Nestes wurden die Überreste älterer Jungtiere gefunden. Ihre Zähne waren durch die Nahrungsaufnahme abgenutzt — es kann also sein, daß die Eltern Futter für ihre Jungen mitbrachten. Außerdem waren die Eierschalen in kleine Stücke zerbrochen, wahrscheinlich durch herumwandernde Jungtiere. Bei anderen Dinosauriern, zum Beispiel *Hypsilophodon*, sind die Eierschalen nur in wenige große Stücke zerbrochen; ihre Jungen verließen das Nest vermutlich sofort nach dem Ausschlüpfen.

Dinosaurier-Waisen?

Es sind Nester gefunden worden, in denen versteinerte Junge lagen. Vielleicht wurden die Eltern dieser Tiere getötet. Die Jungen folgten ihrem Instinkt und verließen das Nest nicht, sondern warteten auf die Rückkehr der Eltern.

47

RIESENHAFTE RÄUBER

Tyrannosaurus ist wahrscheinlich der bekannteste fleischfressende Dinosaurier. Die ersten Fossilien von ihm wurden 1902 in Montana, USA, gefunden. Vor 70 Millionen Jahren war *Tyrannosaurus* mit seinem kräftigen Körper, den starken Beinen und seinen 15 Zentimeter langen, dolchförmigen Zähnen wahrscheinlich der Herrscher der Wälder. Ganz anderes sah *Mamenchisaurus* aus, ein in China gefundener pflanzenfressender Sauropode. Mit seinem kleinen Kopf, langen Hals, fetten Körper und dicken Schwanz war er vermutlich sehr langsam und schwerfällig. Er war ein riesiger Fleischberg, der ständig durch Räuber wie *Tyrannosaurus* bedroht war.

Diese beiden Tiere stellen zwei sehr verschiedene Dinosauriertypen dar, und man sollte eigentlich annehmen, daß die Fleischfresser den Pflanzenfressern immer überlegen gewesen seien; schließlich konnten sie sie angreifen, wann immer sie wollten. Doch beide Dinosauriertypen lebten Millionen von Jahren. Die Fleischfresser konnten nicht überhand nehmen — wenn sie zu viele Pflanzenfresser getötet hätten, hätten sie bald nichts mehr zu fressen gehabt! Man muß also annehmen, daß es schon bei den Dinosauriern ein natürliches Gleichgewicht zwischen Jäger und Gejagten gab — ebenso wie in der heutigen Tierwelt.

Der Harmlose und der Gefährliche

Mamenchisaurus hat die typische Form des großen Pflanzenfressers, mit kleinem Kopf und riesigem Körper. Tyrannosaurus *dagegen sieht man an, daß er ein kraftvoller Jäger war.*

Die Schwanzhaltung

Auf Abbildungen ist oft zu sehen, wie *Tyrannosaurus* seinen langen Schwanz auf dem Boden hinter sich herschleppt. Vollständige Fossilien seines Schwanzes wurden aber nie gefunden. Es ist also durchaus möglich, daß *Tyrannosaurus* seinen Schwanz gerade ausgestreckt hielt und ihn beim Laufen als Gegengewicht zu seinem gewaltigen Kopf benutzte.

Kein Zweifel über die Größe

Die gewaltige Größe von *Tyrannosaurus* konnte einwandfrei nachgewiesen werden. Er wurde bis zu 14 Meter lang, sein Kopf befand sich 5 Meter über dem Boden, und er war schätzungsweise 7 Tonnen schwer.

Unregelmäßige Esser

Wie wir von heute lebenden Tieren wissen, brauchen große fleischfressende Reptilien nicht mehrmals am Tag zu jagen und zu fressen. Das Fleisch eines mittelgroßen Dinosauriers dürfte ausgereicht haben, um *Tyrannosaurus* wochen-, vielleicht sogar monatelang zu ernähren.

Die Körperhaltung

Ältere Rekonstruktionen zeigen *Tyrannosaurus* meist in aufrechter Haltung, mit um den Körper gelegtem Schwanz. Wahrscheinlicher ist jedoch, daß *Tyrannosaurus* seinen Körper eher waagerecht hielt, damit er nicht aus dem Gleichgewicht geriet.

Kein großer Renner!

Tyrannosaurus hatte kräftige Beine. Wegen seiner enormen Größe ist jedoch anzunehmen, daß er nicht besonders schnell war. Versteinerte Fußabdrücke lassen erkennen, daß er etwa 4 bis 5 Kilometer pro Stunde zurücklegte und damit ungefähr die Geschwindigkeit eines gehenden Menschen erreichte.

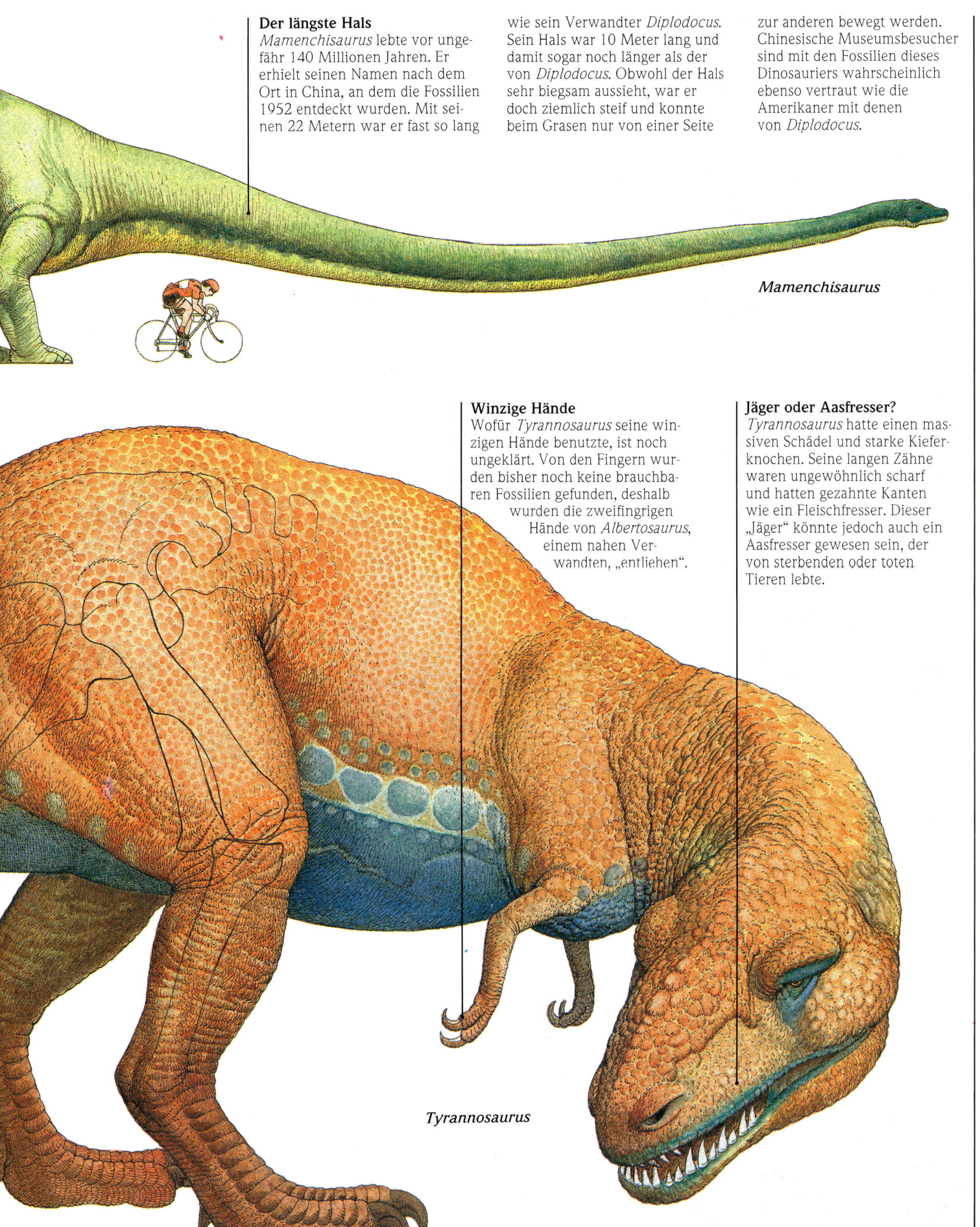

Der längste Hals

Mamenchisaurus lebte vor ungefähr 140 Millionen Jahren. Er erhielt seinen Namen nach dem Ort in China, an dem die Fossilien 1952 entdeckt wurden. Mit seinen 22 Metern war er fast so lang wie sein Verwandter *Diplodocus*. Sein Hals war 10 Meter lang und damit sogar noch länger als der von *Diplodocus*. Obwohl der Hals sehr biegsam aussieht, war er doch ziemlich steif und konnte beim Grasen nur von einer Seite zur anderen bewegt werden. Chinesische Museumsbesucher sind mit den Fossilien dieses Dinosauriers wahrscheinlich ebenso vertraut wie die Amerikaner mit denen von *Diplodocus*.

Mamenchisaurus

Winzige Hände

Wofür *Tyrannosaurus* seine winzigen Hände benutzte, ist noch ungeklärt. Von den Fingern wurden bisher noch keine brauchbaren Fossilien gefunden, deshalb wurden die zweifingrigen Hände von *Albertosaurus*, einem nahen Verwandten, „entliehen".

Jäger oder Aasfresser?

Tyrannosaurus hatte einen massiven Schädel und starke Kieferknochen. Seine langen Zähne waren ungewöhnlich scharf und hatten gezahnte Kanten wie ein Fleischfresser. Dieser „Jäger" könnte jedoch auch ein Aasfresser gewesen sein, der von sterbenden oder toten Tieren lebte.

Tyrannosaurus

„SCHRECKLICHE KRALLE"

1964 wurde in Montana, USA, eine neue Dinosaurierart entdeckt. Auf einem ungefähr 110 Millionen Jahre alten „Dinosaurier-Friedhof" wurden so viele versteinerte Knochen gefunden, daß mehrere fast vollständige Skelette zusammengesetzt werden konnten. Die neue Art gehörte zu den Echsenbecken-Dinosauriern und war ein Theropode *(siehe Seite 16)*, ebenso wie *Tyrannosaurus* und die „Strauß-Dinosaurier". Dieser bisher unbekannte Dinosaurier war etwa 1,5 Meter hoch, 3 Meter lang und wog zwischen 75 und 80 Kilogramm — er hatte also ungefähr die Höhe und das Gewicht eines erwachsenen Menschen. Das Interessanteste an diesem neuen Dinosaurier war jedoch die lange gebogene Kralle an der vierten Zehe. Die Wissenschaftler gaben dem Tier den Namen *Deinonychus*, was „schreckliche Kralle" bedeutet.

Die Entdeckung von *Deinonychus* warf neue Fragen auf. Bis-her hatten die meisten Leute Dinosaurier für langsam, ungeschickt und wenig intelligent gehalten. Die Fossilien von *Deinonychus* zeigen jedoch, daß auf ihn eher das Gegenteil zutrifft und er ein schnelles, lebhaftes und intelligentes Tier war. Er war ein eifriger Jäger mit scharfen Sinnen und einem besonders guten Gleichgewichtssinn. Manche Wissenschaftler sind der Meinung, daß *Deinonychus* zu der Lebensweise, die sich aus den Fossilienfunden ableiten läßt, nur fähig gewesen sein kann, wenn er ein Warmblüter war. *Mehr darüber auf den Seiten 54-55.*

Auf der Jagd
Deinonychus läuft in vollem Tempo und mit angriffsbereit erhobenen Krallen auf den Hinterbeinen. Er verfolgt einen kleineren Hypsilophodon.

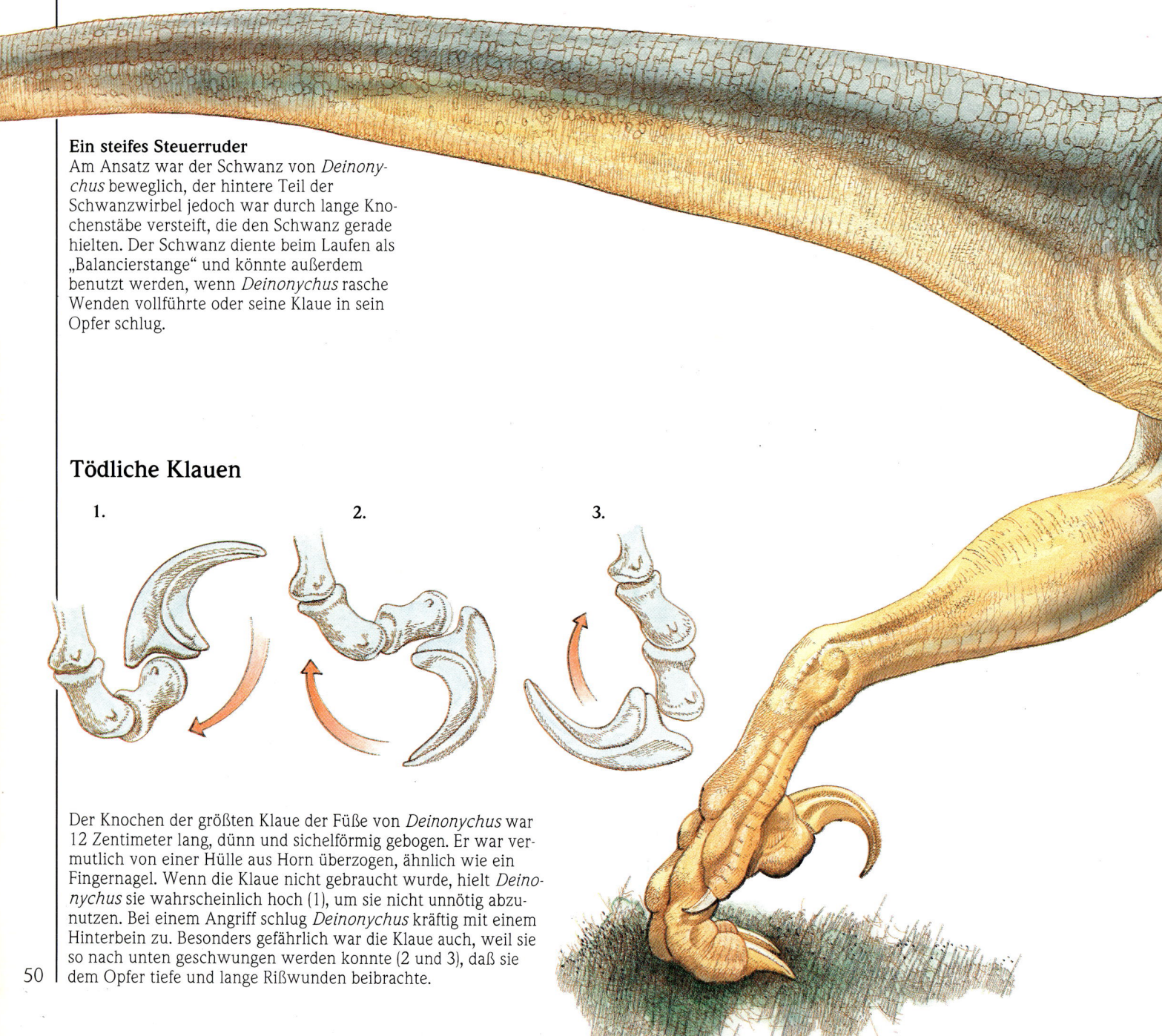

Ein steifes Steuerruder
Am Ansatz war der Schwanz von *Deinonychus* beweglich, der hintere Teil der Schwanzwirbel jedoch war durch lange Knochenstäbe versteift, die den Schwanz gerade hielten. Der Schwanz diente beim Laufen als „Balancierstange" und könnte außerdem benutzt werden, wenn *Deinonychus* rasche Wenden vollführte oder seine Klaue in sein Opfer schlug.

Tödliche Klauen

1.

2.

3.

Der Knochen der größten Klaue der Füße von *Deinonychus* war 12 Zentimeter lang, dünn und sichelförmig gebogen. Er war vermutlich von einer Hülle aus Horn überzogen, ähnlich wie ein Fingernagel. Wenn die Klaue nicht gebraucht wurde, hielt *Deinonychus* sie wahrscheinlich hoch (1), um sie nicht unnötig abzunutzen. Bei einem Angriff schlug *Deinonychus* kräftig mit einem Hinterbein zu. Besonders gefährlich war die Klaue auch, weil sie so nach unten geschwungen werden konnte (2 und 3), daß sie dem Opfer tiefe und lange Rißwunden beibrachte.

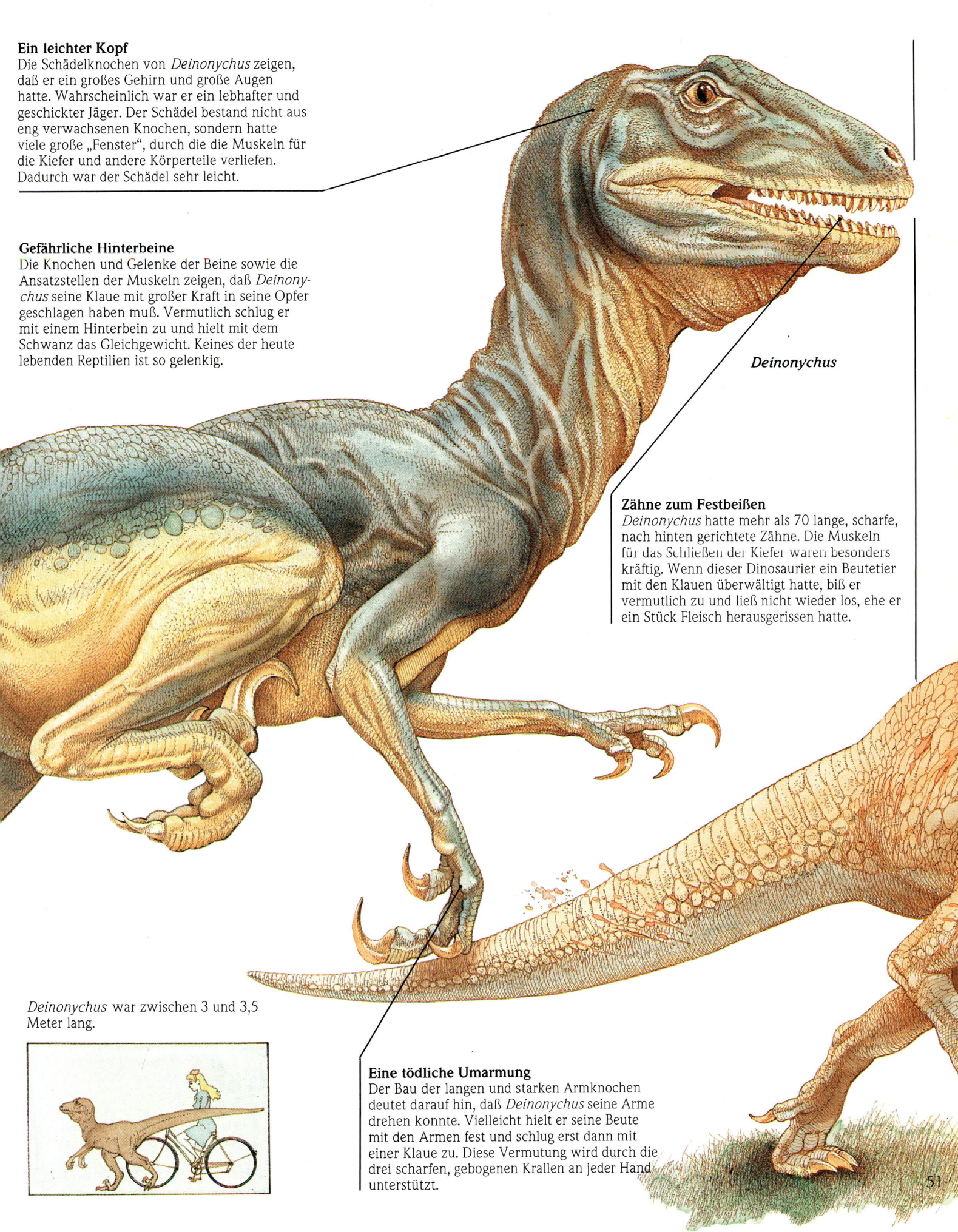

Ein leichter Kopf
Die Schädelknochen von *Deinonychus* zeigen, daß er ein großes Gehirn und große Augen hatte. Wahrscheinlich war er ein lebhafter und geschickter Jäger. Der Schädel bestand nicht aus eng verwachsenen Knochen, sondern hatte viele große „Fenster", durch die die Muskeln für die Kiefer und andere Körperteile verliefen. Dadurch war der Schädel sehr leicht.

Gefährliche Hinterbeine
Die Knochen und Gelenke der Beine sowie die Ansatzstellen der Muskeln zeigen, daß *Deinony-chus* seine Klaue mit großer Kraft in seine Opfer geschlagen haben muß. Vermutlich schlug er mit einem Hinterbein zu und hielt mit dem Schwanz das Gleichgewicht. Keines der heute lebenden Reptilien ist so gelenkig.

Deinonychus

Zähne zum Festbeißen
Deinonychus hatte mehr als 70 lange, scharfe, nach hinten gerichtete Zähne. Die Muskeln für das Schließen der Kiefer waren besonders kräftig. Wenn dieser Dinosaurier ein Beutetier mit den Klauen überwältigt hatte, biß er vermutlich zu und ließ nicht wieder los, ehe er ein Stück Fleisch herausgerissen hatte.

Deinonychus war zwischen 3 und 3,5 Meter lang.

Eine tödliche Umarmung
Der Bau der langen und starken Armknochen deutet darauf hin, daß *Deinonychus* seine Arme drehen konnte. Vielleicht hielt er seine Beute mit den Armen fest und schlug erst dann mit einer Klaue zu. Diese Vermutung wird durch die drei scharfen, gebogenen Krallen an jeder Hand unterstützt.

51

DER ANGRIFF

Deinonychus lebte zur selben Zeit wie die großen pflanzenfressenden Ankylosaurier (Panzerdinosaurier) und wie *Iguanodon* und *Tenontosaurus*. Aber *Deinonychus* war ziemlich klein. Es wäre ihm sehr schwer gefallen, ein Tier von der Größe eines *Iguanodon* zu überwältigen, zumal die großen Pflanzenfresser in Herden lebten. Man kann jedoch aus dem Verhalten heute lebender Raubtiere einige Schlüsse ziehen. Viele große Fleischfresser, wie zum Beispiel Wölfe, leben in Rudeln. Sie jagen zusammen und stürzen sich gemeinsam auf ein Opfer. Wenn die Beute zu den Herdentieren gehört, suchen sie sich ein altes, krankes oder sehr junges Tier aus und drängen es von der Herde ab. So steigern sie ihre Erfolgschancen. Es ist anzunehmen, daß auch *Deinonychus* in Rudeln jagte.

Opfer der Klauen
Tenontosaurus lebte vor 110 Millionen Jahren. Er war ein mit *Hypsilophodon (siehe Seite 28)* nahe verwandter Vogelbecken-Dinosaurier, der ungefähr 6 Meter lang wurde und bis zu einer Tonne wog — zehnmal so viel wie *Deinonychus*.

Die verletzliche Bauchseite
Das *Deinonychus*-Rudel versuchte vermutlich, das Opfer an der weichen Unterseite zu packen. Gepanzerte Arten wie die Ankylosaurier konnten sie nur überwältigen, wenn sie sie umwarfen, was ihnen aber wohl nur bei Jungtieren gelungen sein dürfte.

Keine leichtverdiente Mahlzeit
Tenontosaurus war wahrscheinlich nicht leicht zu überwältigen. Er war ein wachsames und kräftiges Tier, das sich auf seinen langen, starken Beinen recht flink bewegen konnte. Mit Schlägen des dicken, gutbemuskelten Schwanzes konnte er die Angreifer regelrecht von sich wegschleudern.

Mehr Erfolg im Rudel
Ein *Deinonychus*-Rudel hat einen großen, langsamen Tenontosaurus gestellt. Einige Angreifer schlagen mit ihren scharfen Krallen zu, während andere mit ihren Zähnen Fleischstücke herausreißen. Bald wird der durch die vielen Wunden schon stark geschwächte Tenontosaurus *tot sein und gefressen werden.*

Strauß-Dinosaurier

Eine andere Gruppe von ziemlich kleinen, aber sehr schnellen Dinosauriern waren die Strauß-Dinosaurier. Sie lebten von vor 100 bis vor 65 Millionen Jahren und waren ebenso wie *Deinonychus* auf zwei Beinen laufende Fleischfresser.

Ein guter Renner?

Struthiomimus bedeutet übersetzt „Strauß Nachahmer". Dieser etwa 2 Meter große Dinosaurier sah tatsächlich einem heute lebenden Strauß ähnlich. Vielleicht war er auch ebenso schnell — Strauße erreichen Geschwindigkeiten bis zu 50 Stundenkilometern. *Struthiomimus* hatte einen kleinen Kopf und zum Schnabel umgeformte, zahnlose Kiefer. Er fraß vermutlich alles, was er finden konnte, kleine Tiere ebenso wie Pflanzen.

Woher weiß man das alles?

Woher wissen die Fachleute, daß *Deinonychus* in Rudeln jagte und größeren Dinosauriern wie *Tenontosaurus* nachstellte? Wie in den meisten anderen Fällen gründen sich auch hier die Vermutungen auf das Studium der Fossilien. Es wurden häufig die Knochen von mehreren *Deinony-*chus-Exemplaren am gleichen Ort gefunden — man kann also annehmen, daß sie sich zum Zeitpunkt ihres Todes im Rudel aufhielten. An anderen Orten wurden Knochen von *Tenontosaurus* neben oder ganz in der Nähe von Fossilien mehrerer *Deinonychus*-Exemplare gefunden.

WARMBLÜTIGE DINOSAURIER?

Waren Dinosaurier Warmblüter oder Kaltblüter? Viele Jahre lang nahm man an, daß sie, ebenso wie die heute lebenden Reptilien, Kaltblüter waren. Seit kurzem wird diese Vermutung jedoch bezweifelt. Was bedeutet eigentlich „kaltblütig" und „warmblütig"?

Die Körpertemperatur von Warmblütern wie Säugetieren und Vögeln ist immer gleich hoch (zwischen 35 und 40 °C). Sie liegt meist deutlich über der Außentemperatur und wird durch die chemische „Verbrennung" von Nährstoffen im Körper aufrechterhalten. Ein Tier mit einem immer warmen Körper ist leistungsfähiger und kann sich zu jeder Zeit je nach Bedarf Futter oder einen Unterschlupf suchen. Vor Wärmeverlust wird es durch Fell oder Federn geschützt. Allerdings braucht ein warmblütiges Tier auch viel Nahrung.

Kaltblüter wie die Reptilien kommen mit viel weniger Nahrung aus; sie benötigen nur ungefähr ein Zehntel dessen, was ein Warmblüter frißt. Sie sind aber stärker von ihrer Umgebung abhängig. Wenn sie Wärme von der Sonne oder von durchwärmten Felsen aufnehmen, steigt ihre Körpertemperatur, und sie werden munter. Wenn es aber kalt ist — in der Nacht oder im Winter — sinkt ihre Körpertemperatur, und sie werden träge.

Zu welcher Gruppe gehörten denn nun die Dinosaurier? Heute gibt es unzählige Arten von Säugetieren und Vögeln, und sie alle sind Warmblüter. Waren die Dinosaurier, die einst so lange die Erde beherrschten, auch Warmblüter? Waren sie deshalb so erfolgreich? Hier folgen einige Argumente für und gegen die Warmblütigkeit der Dinosaurier.

Die Form des Körpers

Größe und Form der Dinosaurier spielen bei der Diskussion über die Warmblütigkeit eine wichtige Rolle. Man vergleiche zum Beispiel den Strauß-Dinosaurier Dromiceiomimus, *der vor 70 Millionen Jahren lebte, mit dem Sauropoden* Saltasaurus.

Ein flinker Kaltblüter?

Dromiceiomimus scheint ein flinkes, lebhaftes Tier gewesen zu sein. Er rannte vermutlich auf den Hinterbeinen, beobachtete dabei wachsam die Umgebung, brachte sich vor größeren Dinosauriern in Sicherheit und jagte hinter kleinen Beutetieren her. Es ist kaum denkbar, daß ein so lebhaftes Tier ein Kaltblüter gewesen sein könnte.

Knochen unter dem Mikroskop

Die unter dem Mikroskop sichtbare Struktur von Dinosaurierknochen ähnelt eher der von Säugetieren als der von heute lebenden Reptilien. Allerdings hängt die Knochenstruktur davon ab, wie schwer das Tier ist und wie schnell der Knochen wächst. Diese Ähnlichkeit ist also kein Beweis.

Saltasaurus

Dromiceiomimus

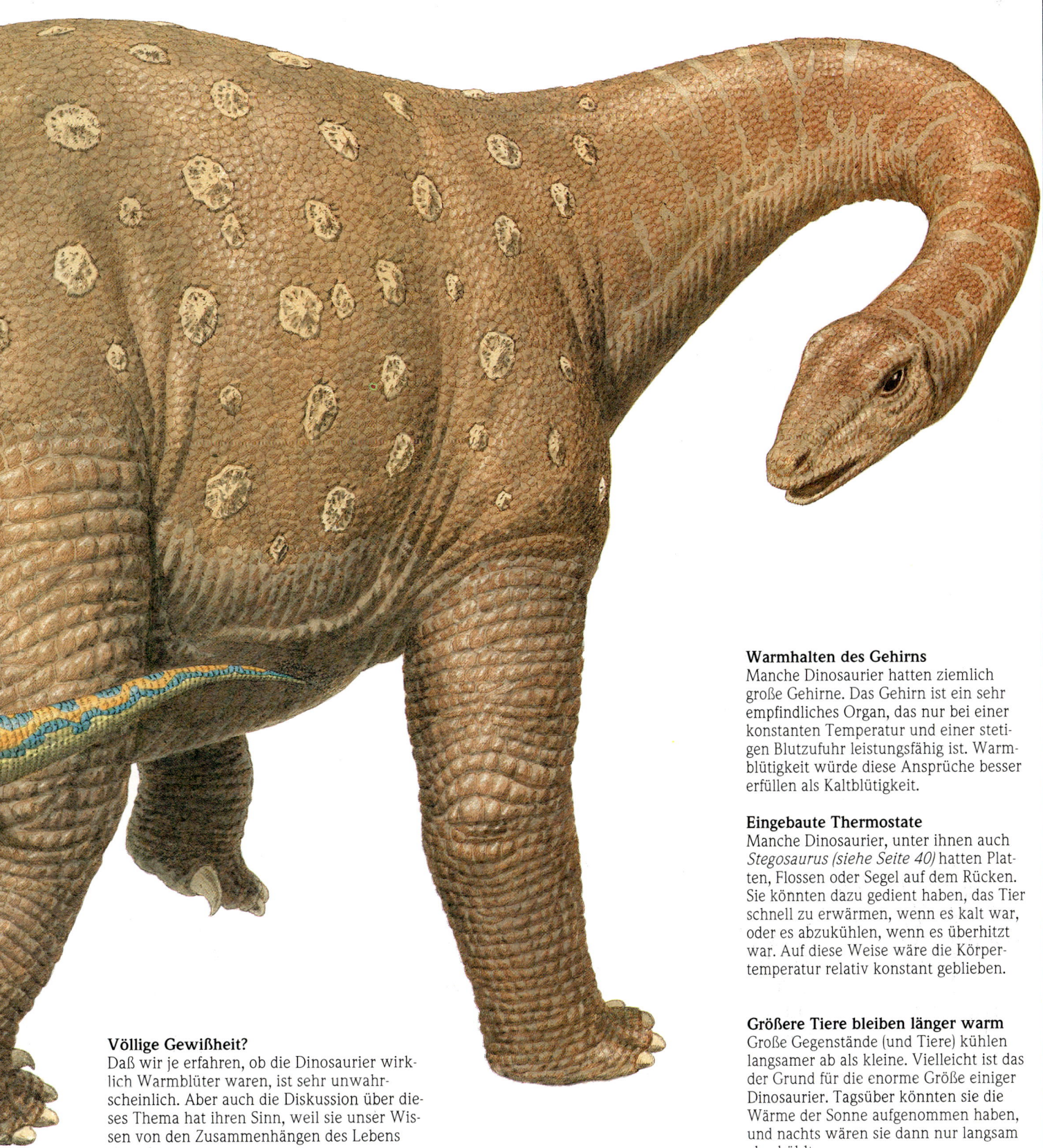

Reptilien mit großen Herzen?

Große Dinosaurier wie *Saltasaurus* müssen sehr leistungsfähige Herzen gehabt haben, da das Blut bis in den mehrere Meter höher liegenden Kopf gepumpt werden mußte. Wenn Dinosaurier ein Herz gehabt hätten wie die heutigen Reptilien, das das Blut in einem Kreislauf in den Kopf, den Körper und die Lunge pumpt, hätten sie nicht überleben können. Um das Blut durch den ganzen Körper zu treiben, hätte der Blutdruck so stark sein müssen, daß die empfindlichen Blutgefäße in der Lunge mit Sicherheit beschädigt worden wären. Vielleicht waren die Herzen der großen Dinosaurier so gebaut wie die der Säugetiere, also in zwei Teile geteilt, von denen einer die Lunge und der andere den Rest des Körpers versorgt, was ein Hinweis auf die Warmblütigkeit der Tiere sein könnte.

Völlige Gewißheit?

Daß wir je erfahren, ob die Dinosaurier wirklich Warmblüter waren, ist sehr unwahrscheinlich. Aber auch die Diskussion über dieses Thema hat ihren Sinn, weil sie unser Wissen von den Zusammenhängen des Lebens vertieft.

Warmhalten des Gehirns

Manche Dinosaurier hatten ziemlich große Gehirne. Das Gehirn ist ein sehr empfindliches Organ, das nur bei einer konstanten Temperatur und einer stetigen Blutzufuhr leistungsfähig ist. Warmblütigkeit würde diese Ansprüche besser erfüllen als Kaltblütigkeit.

Eingebaute Thermostate

Manche Dinosaurier, unter ihnen auch *Stegosaurus (siehe Seite 40)* hatten Platten, Flossen oder Segel auf dem Rücken. Sie könnten dazu gedient haben, das Tier schnell zu erwärmen, wenn es kalt war, oder es abzukühlen, wenn es überhitzt war. Auf diese Weise wäre die Körpertemperatur relativ konstant geblieben.

Größere Tiere bleiben länger warm

Große Gegenstände (und Tiere) kühlen langsamer ab als kleine. Vielleicht ist das der Grund für die enorme Größe einiger Dinosaurier. Tagsüber könnten sie die Wärme der Sonne aufgenommen haben, und nachts wären sie dann nur langsam abgekühlt.

VOGEL ODER REPTIL?

Was ist ein Vogel? Das Auffallendste an einem Vogel sind seine Federn. Die Fossilien von *Archaeopteryx*, der vor 150 Millionen Jahren lebte, lassen erkennen, daß auch er Federn besaß. War er deshalb ein Vogel? Aber er hatte auch mehrere Reptilienmerkmale, und es gab mindestens 20 Punkte, in denen *Archaeopteryx* bestimmten kleinen Dinosauriern, den Coelurosauriern ("Hohlknochensauriern") glich. Wissenschaftler sind sich auch heute noch nicht einig, ob *Archaeopteryx* ein gefiederter Dinosaurier war oder der erste Vogel oder eine Übergangsform. Manche Fachleute sind der Ansicht, daß er nicht von den Dinosauriern, sondern von einer früheren Reptiliengruppe abstammte. Außerdem ließ sich an seinem Körper nicht erkennen, daß er sich allmählich aus einem Reptil in einen Vogel umgewandelt hätte. Teile seines Körpers gehörten eindeutig zu einem Reptil, während andere unverkennbare Vogelmerkmale zeigten. *Archaeopteryx*

gab damit der Diskussion über die Warm- und Kaltblütigkeit der Dinosaurier neue Nahrung *(siehe Seite 54)*. Was weiß man nun genau über *Archaeopteryx*? Er hatte die Größe einer Elster, ein großes Gehirn, große Augen, Federn und ein Gabelbein wie die heutigen Vögel. Die Federn könnten sich aus den Reptilschuppen entwickelt haben; auf jeden Fall hielten sie das Tier warm. Die flügelähnlichen Vorderbeine wurden erst später so kräftig, daß die Federn zum Fliegen verwendet werden konnten.

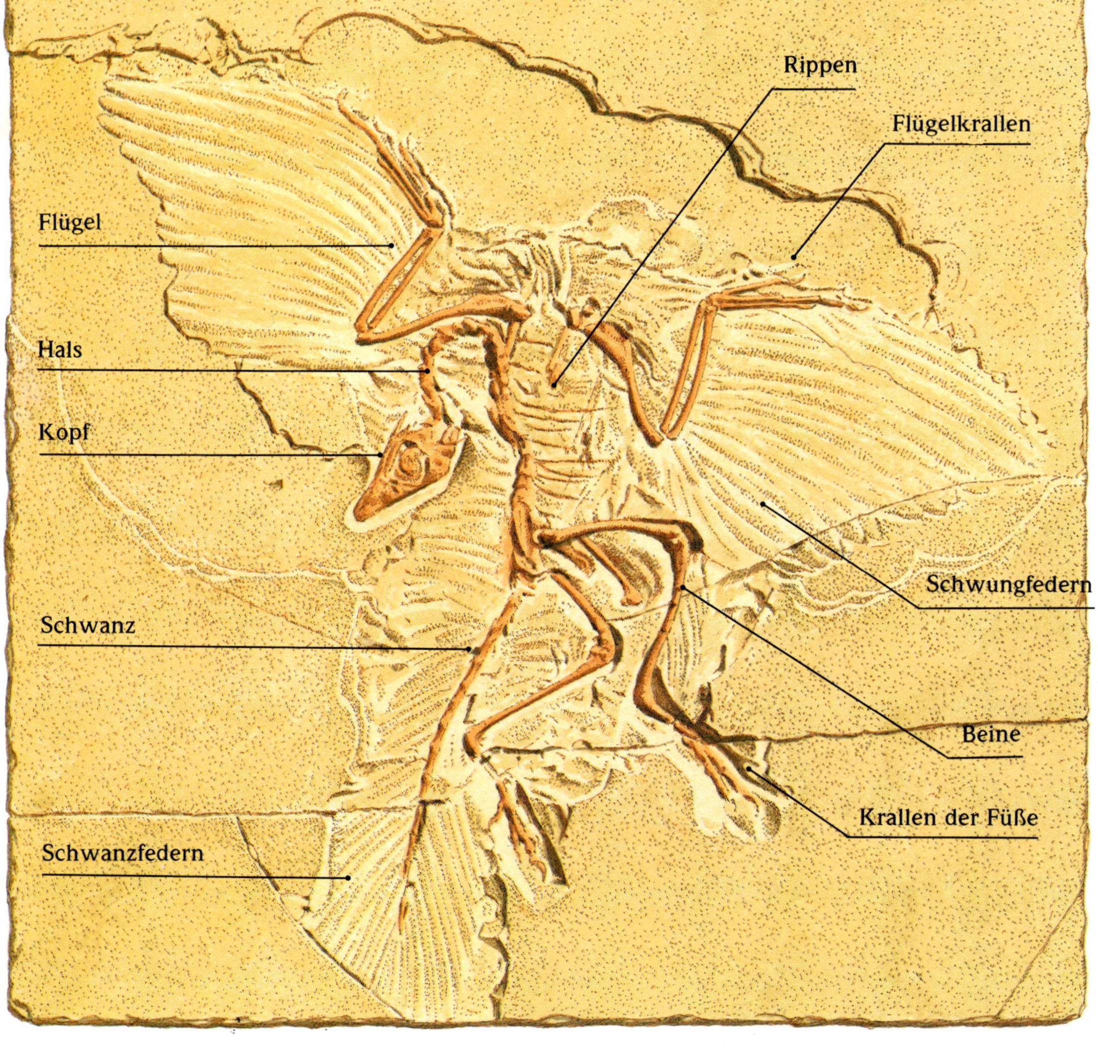

Konnte *Archaeopteryx* fliegen?

Versteinerte Federn
Es gibt bisher nur fünf Fossilien des Ur-Vogels *Archaeopteryx*, der "alten Feder", die alle in Kalksteinablagerungen in Bayern gefunden wurden. Das erste Fossil wurde schon 1855 ausgegraben, man hielt es aber für einen Flugsaurier. Es wurde erst 1972 als Reste eines Ur-Vogels indentifiziert! Der nächste Fund wurde 1861 in einem Steinbruch in der Nähe von Solnhofen gemacht. In dem feinkörnigen Kalkstein sind selbst die kleinsten Einzelheiten erhalten geblieben, sogar die Federn. Das hier abgebildete Fossil wurde 1877 entdeckt und befindet sich im Museum für Naturkunde in Berlin (DDR). Im Gegensatz zu den anderen sind auf ihm Kopf und Hals von *Archaeopteryx* deutlich zu sehen.

Rippen

Flügelkrallen

Flügel

Hals

Kopf

Schwanz

Schwungfedern

Beine

Krallen der Füße

Schwanzfedern

Es ist zweifelhaft, daß *Archaeopteryx* wirklich fliegen konnte. Um stetig mit den Flügeln schlagen zu können, hätte er viel stärkere Knochen und Flügelmuskeln haben müssen. Er könnte jedoch auf einen Baum geklettert sein, um dann im Gleitflug zum nächsten Baum oder wieder auf den Boden zu gelangen. Vielleicht rannte er aber auch auf dem Boden hinter kleinen Beutetieren her, schlug dabei mit den Flügeln und erhöhte seine Geschwindigkeit durch Sprünge.

Insektenjagd im Flug?
Warum begannen Vögel zu fliegen? Vielleicht nahm Archaeopteryx *Anlauf und sprang dann Insekten nach. Wenn er dabei seine gefiederten „Arme" geschwungen hätte, wäre er gegenüber anderen Insektenfressern im Vorteil gewesen, weil er auf diese Weise länger in der Luft bleiben konnte.*

Reptilzähne, Vogelgehirn
Wie viele Reptilien hatte auch *Archaeopteryx* Zähne, während die heutigen Vögel alle zahnlos sind. Das große Gehirn und die großen Augen von *Archaeopteryx* dagegen hatten mehr Ähnlichkeit mit denen der Vögel als mit denen der Reptilien.

Krallen zum Klettern
An jedem Flügel saßen drei Finger mit Krallen. Zwar sind die heutigen Vögel nicht so ausgestattet, aber von den Vordergliedmaßen geflügelter Reptilien wie den Flugsauriern *(siehe Seite 30-33)* unterscheiden sich die des *Archaeopteryx* doch erheblich. Nur ein einziger heute lebender Vogel hat Krallen am Flügel — die Jungtiere des Zigeunerhuhns oder Hoatzins in Südamerika. Vielleicht benutzte *Archaeopteryx* seine Krallen ebenso wie die jungen Hoatzins zum Klettern auf Bäumen.

Ein knochiger Schwanz
Die heutigen Vögel haben keine Schwanzknochen. Ihr „Schwanz" besteht nur aus Federn. *Archaeopteryx* dagegen hatten einen Schwanz wie die Reptilien, an dessen Seiten jedoch Federn saßen. Er benutzte ihn vielleicht beim Gleitflug zum Steuern.

Greif-Füße
Die Schuppen auf der Haut der Beine und Füße heute lebender Vögel erlauben es, eine Verbindung zu den Reptilien der Vergangenheit herzustellen. Auch *Archaeopteryx* besaß solche Schuppen. Die erste seiner vier Zehen zeigte nach hinten, so daß er damit einen Ast umgreifen und sich wie ein Vogel unserer Zeit darauf niederlassen konnte.

Keine Vogelknochen
Archaeopteryx hatte keine leichten Knochen, seine Wirbelsäule war nicht steif, und sein Brustbein hatte keinen Kiel. Alle heutigen Vögel haben diese Merkmale, die ihr Skelett an den Stellen verstärken, an denen die Flugmuskeln angewachsen sind.

DAS ENDE DER DINOSAURIER

Das größte Rätsel um die Dinosaurier ist wahrscheinlich die Frage, warum sie ausgestorben sind. Vor ungefähr 65 Millionen Jahren verschwanden alle Dinosaurier verhältnismäßig plötzlich von der Erde. Aber warum? Es gibt viele Theorien, aber keine von ihnen bietet eine ausreichende Erklärung für die durch Fossilien belegten Fakten. Interessant ist auch, daß zur selben Zeit wie die Dinosau-rier auch viele andere Lebewesen ausstarben, zum Beispiel Meeresreptilien, Flugsaurier und Ammoniten. Außerdem war dieses Massensterben in der Geschichte unserer Erde nicht das einzige. Zum Beispiel verschwanden kurz vor dem Auftauchen der Dinosaurier drei Viertel der Amphibien. Was zum Aussterben dieser Tiere geführt hat, werden wir wohl nie erfahren.

Die große Katastrophe
Einer Theorie zufolge war eine große Naturkatastrophe, die die ganze Erde betraf, die Ursache dafür, daß die Dinosaurier und andere Lebewesen ausstarben. Vielleicht war die Erde von Staub umhüllt, weil ihre Bahn durch einen Kometenschwarm oder die Trümmer eines explodierenden Sterns führte. Manche vermuten auch, daß ein riesiger Meteorit auf die Erde gestürzt sein könnte.

2 Verdunkelung der Sonne
Durch den Meteoriten aufgewirbelter Staub hätte für Jahre die Sonne verdunkelt. Da Pflanzen ohne Sonnenlicht nicht wachsen können, wären die Pflanzenfresser verhungert. Außerdem wären viele Tiere erfroren.

3 Eine Hitzewelle
Nachdem der Staub sich wieder gesetzt hat, hätte der vom Meteoriten erzeugte Wasserdampf die Sonnenwärme gespeichert, wodurch es auf der Erde sehr heiß geworden wäre. Vielleicht sind viele Tiere gestorben, weil sie die Hitze nicht vertragen konnten.

1 Aufprall eines Meteoriten
Wissenschaftler haben eine 65 Millionen Jahre alte Gesteinsschicht entdeckt, die viel Iridium enthält — ein Element, das auf der Erde ziemlich selten ist, in Meteoriten aber häufig vorkommt. Vielleicht prallte ein riesiger Meteorit von 10 Kilometern Durchmesser auf die Erde.

Ein plötzliches Aus?

An den Fossilfunden ist nicht abzulesen, ob die Dinosaurier im Laufe von ein paar Dutzend oder von Millionen von Jahren ausstarben. Es gibt mehrere Theorien, denen zufolge sich ihr Aussterben ohne eine plötzliche erdumfassende Naturkatastrophe über einen sehr langen Zeitraum hinzog.

Eine Veränderung des Wetters?

Manche Wissenschaftler sind der Ansicht, daß sich aus Gesteinen und Fossilien Klimaveränderungen nachweisen lassen, die vor 65 Millionen Jahren statt fanden. Das bis dahin ganzjährig warme Klima soll einem Klima mit starken jahreszeitlichen Schwankungen, das heißt, mit warmen Sommern und kalten Wintern, gewichen sein. Die großen kaltblütigen Dinosaurier waren vielleicht nicht in der Lage, mit diesen Temperaturschwankungen fertigzuwerden.

Vergiftung durch Pflanzen?

Viele Dinosaurier waren Pflanzenfresser. Vielleicht enthielten die neuentstandenen Blütenpflanzen ein Gift, das für sie (und andere Tiere, die davon fraßen) tödlich war. Durch das Aussterben der Pflanzenfresser hätten auch die Fleischfresser, die sich von ihnen ernährten, langsam verhungern müssen.

Sieg der Eierdiebe?

Viele Lebewesen, darunter Säugetiere und Vögel, fressen die Eier der heutigen Reptilien. Möglicherweise waren die kleinen Säugetiere, die vor 65 Millionen Jahren lebten, beim Stehlen von Dinosaurier-Eiern besonders geschickt. Vermutlich gingen sie nachts auf ihre Diebeszüge, wenn die Dinosaurier „Eltern" zu stark ausgekühlt waren, um ihre Gelege verteidigen zu können.

Veränderung des Lebensraums

Während der letzten paar Millionen Jahre des Dinosaurier-Zeitalters sank der Meeresspiegel auf der ganzen Erde, neues Land tauchte auf, und Berge erhoben sich aus den Ebenen. Die flachen Gewässer, die auf der ganzen Welt riesige Gebiete bedeckt hatten, trockneten aus, und die Tiere, die in ihnen lebten, verloren ihren gewohnten Lebensraum.

HABEN DINOSAURIER NACHKOMMEN?

Heute gibt es keine Dinosaurier mehr. Aber leben sie vielleicht in irgendeiner Form weiter? Gibt es heute noch Tiere, die Ur-ur-ur-ur-enkel der Dinosaurier sind? Von den fünf großen Gruppen von Wirbeltieren (Fische, Amphibien, Reptilien, Vögel und Säugetiere) kommen die Fische und Amphibien nicht in Betracht — sie entwickelten sich schon lange vor den Dinosauriern, können also nicht deren Nachkommen sein. Damit bleiben noch Reptilien, Vögel und Säugetiere. Die bisher gefundenen Dinosaurierfossilien lassen den Schluß zu, daß Krokodile und Vögel die engsten heute lebenden Verwandten der Dinosaurier sind.

Wer sind die engsten Verwandten?
Beim Studium der Entwicklungsgeschichte und der Verwandtschaftsbeziehungen zwischen den Tieren müssen sämtliche Merkmale beachtet werden — nicht nur das Äußere des Tieres. Gürteltiere zum Beispiel sehen den Dinosauriern zwar ähnlich, können aber nicht mit ihnen verwandt sein, weil sie Säugetiere sind, die ihre Jungen mit Muttermilch ernähren.

Säugetiere
Vor 100 Millionen Jahren beherrschten die Dinosaurier die Welt, ebenso wie es heute die Säugetiere tun. Manche Säugetiere, wie Elefanten und Nashörner, sind sehr groß und haben Stoßzähne oder Hörner, die den Hörnern der Dinosaurier ähneln. Es spricht jedoch einiges dagegen, daß die Säugetiere von den Dinosauriern abstammen. Säugetiere sind warmblütig, haben ein Fell oder Haare, bringen lebende Junge zur Welt und ernähren sie mit Muttermilch. Die Dinosaurier, die zu den Reptilien gehören, waren vermutlich kaltblütig *(siehe Seite 54)* und hatten eine schuppige Haut. Außerdem beweisen Fossilfunde, daß sie Eier legten. Die beiden Tiergruppen unterscheiden sich also erheblich voneinander. Besonders wichtig ist auch, daß es bereits Säugetiere gab, als das Zeitalter der Dinosaurier begann. Vermutlich stammen sie von den Therapsiden (den Säugetierähnlichen Reptilien) ab, während sich die Dinosaurier aus einer anderen Reptiliengruppe, den Thecodontiern (den Wurzelzähnern), entwickelte.

Elefant

Nashorn

Gürteltier

Reptilien

Da die Dinosaurier Reptilien waren, sollte man eigentlich annehmen, daß ihre engsten Verwandten die heutigen Reptilien wären. Das muß jedoch nicht unbedingt stimmen. Reptilien entstanden vor fast 300 Millionen Jahren, und im Laufe der nächsten 100 Millionen Jahre entwickelten sie sich in viele Richtungen. Es entstanden die Vorfahren der heutigen Schlangen, Echsen und Schildkröten. All diese Reptilgruppen existierten also schon, ehe die ersten Dinosaurier auftauchten. Die in Neuseeland heimische Brückenechse ist das letzte lebende Mitglied einer anderen Reptilgruppe, die zusammen mit den Vorfahren der Echsen und der frühen Dinosaurier vor 200 Millionen Jahren erschien.

Galapagos-Leguan

Schildkröte

Brückenechse

Vögel

Haben sich einige Dinosaurier zu Vögeln weiterentwickelt? Möglich ist es. Die Beckenknochen eines Vogels sind denen eines Vogelbecken-Dinosauriers sehr ähnlich. Das Skelett von *Archaeopteryx*, dem Ur-Vogel, ähnelt dem von kleinen, frühen Dinosauriern, den Coelurosauriern. Auch die versteinerten Schädel von Dinosauriern und Vögeln weisen Gemeinsamkeiten auf. Beide haben vor der Augenhöhle ein Loch, das ein wichtiges entwicklungsgeschichtliches Merkmal darstellt. Es gibt aber auch äußerliche Ähnlichkeiten. Vögel wie Emus und Strauße könnte man mit Strauß-Dinosauriern vergleichen, und die Küken des Hoatzins haben Krallen an den Flügeln, wie sie auch *Archaeopteryx* hatte *(siehe Seite 56)*.

Hoatzin
(Zigeunerhuhn)

Emu

Krokodile

Die versteinerten Schädel von Krokodilen weisen das gleiche Loch vor der Augenhöhle auf, wie die der Dinosaurier. Außerdem gleichen die Beckenknochen der Krokodile denen der Saurischier (der Echsenbecken-Dinosaurier). Zusammengefaßt kann man sagen, daß Vögel und Krokodile vermutlich die engsten lebenden Verwandten der Dinosaurier sind.

Krokodil

61

DINOSAURIER-BILDERGALERIE

Diese Bildergalerie soll helfen, die einzelnen Dinosaurier und ihre Namen besser kennenzulernen. Dinosaurier sind schon vor 65 Millionen Jahren ausgestorben; trotzdem sind einige von ihnen bekannter geworden als viele heute lebende Tiere. Hier sind einige der größten, kleinsten, merkwürdigsten und wichtigsten Dinosaurier abgebildet. Viele von ihnen kann man auch in Ausstellungen oder Museen betrachten.

Coelophysis
Einer der ersten Dinosaurier, der vor 210 Millionen Jahren erschien. Fossilien dieses fleischfressenden Theropoden wurden zuerst in den USA gefunden *(siehe Seite 16).*

Compsognathus
Dieser fleischfressende Dinosaurier ist einer der kleinsten, die je entdeckt wurden. Seine Fossilien sind 140 Millionen Jahre alt *(siehe Seite 26).*

Deinonychus
Die berühmte „Schreckliche Kralle" lebte vor 110 Millionen Jahren. Dieser Echsenbecken-Dinosaurier war ein gefürchteter Jäger *(siehe Seite 50).*

Baryonyx
Dieser erst kürzlich entdeckte Fleischfresser lebte vor 120 Millionen Jahren. Von ihm wurde unter anderem eine gewaltige Klaue gefunden *(siehe Seite 28).*

Allosaurus
Dieser vor 150 Millionen Jahren lebende Carnosaurier (auf zwei Beinen laufender Fleischfresser) war ein gut ausgerüsteter Jäger *(siehe Seite 44).*

Tyrannosaurus
Dieser „König der Dinosaurier" lebte vor 70 Millionen Jahren, lief auf zwei Beinen und war der größte Fleischfresser, den es auf der Erde je gab *(siehe Seite 48).*

Plateosaurus
Dieser vor 210 Millionen Jahren lebende Dinosaurier gehört zu den ersten großen, auf vier Beinen laufenden Pflanzenfressern *(siehe Seite 16).*

Diplodocus
Der längste bisher bekannte Dinosaurier, der ein relativ leicht gebauter Pflanzenfresser war, lebte vor ungefähr 140 Millionen Jahren *(siehe Seite 24).*

Apatosaurus
Ein weiterer Pflanzenfresser von gewaltiger Größe, der zur selben Zeit lebte wie *Diplodocus* und früher den Namen *Brontosaurus* trug *(siehe Seite 24).*

Brachiosaurus
Dieser Riese war das größte aller Landtiere, die wir bisher kennen. Er lebte vor 140 Millionen Jahren und gehörte zu den Sauropoden *(siehe Seite 24)*.

Hypsilophodon
Vor 120 Millionen Jahren lebte dieser kleine Dinosaurier im Südosten Englands. Er war ein Ornithopode oder Vogelfuß-Dinosaurier *(siehe Seite 28)*.

Iguanodon
Wie *Hypsilophodon* war auch dieser bekannte Dinosaurier ein auf zwei Beinen laufender Pflanzenfresser. Er lebte vor ungefähr 120 Millionen Jahren *(siehe Seite 4)*.

Edmontosaurus
Ein Ornithischier (Vogelbecken-Dinosaurier) aus der Gruppe der Hadrosaurier oder Entenschnabel-Dinosaurier. Er war ein Pflanzenfresser, der vor 70 Millionen Jahren lebte *(siehe Seite 44)*.

Protoceratops
80 Millionen Jahre alte Fossilien dieses frühen Horn-Dinosauriers und seiner Eier wurden in der Mongolei gefunden *(siehe Seite 34)*.

Triceratops
Dieser Horn-Dinosaurier (Ceratopier) hatte drei Hörner. Er gehörte zu den Vogelbecken-Dinosauriern und lebte vor 65 Millionen Jahren *(siehe Seite 36)*.

Pachycephalosaurus
Dieser Dinosaurier wird wegen seines helmartigen Schädeldachs auch „Dickschädel-Echse" genannt. Er lebte vor 120 Millionen Jahren *(siehe Seite 42)*.

Stegosaurus
Ein Vogelbecken-Dinosaurier, der vor 150 Millionen Jahren lebte und so groß war wie ein Elefant, aber ein ganz winziges Gehirn hatte *(siehe Seite 40)*.

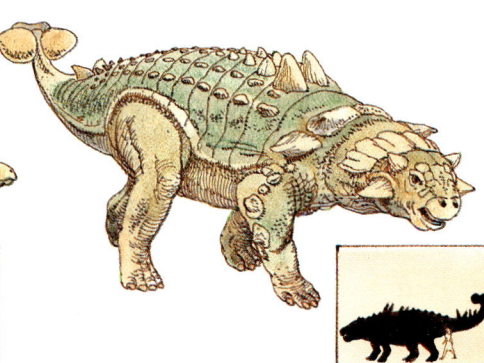

Euoplocephalus
Dieser große, stark gepanzerte Dinosaurier gehörte zu den Ankylosauriern (den Panzer-Dinosauriern). Er lebte vor ungefähr 75 Millionen Jahren *(siehe Seite 38)*.

REGISTER